CADERNOS DE PROCESSO DO TRABALHO

N. 3

FONTES E PRINCÍPIOS DO DIREITO PROCESSUAL DO TRABALHO

Manoel Antonio Teixeira Filho
Advogado – Juiz aposentado do TRT da 9ª Região – Fundador da Escola da Associação dos Magistrados do Trabalho do Paraná — Professor Emérito do Centro Universitário de Curitiba-Unicuritiba – Professor na Escola da Magistratura do Trabalho do Paraná — Membro do *Instituto Latinoamericano de Derecho del Trabajo y de la Seguridad Social* — do Instituto de Direito Social do Brasil — da *Société Internacionale de Droit du Travail et de la Sécurité Sociale* — do Instituto dos Advogados do Paraná — da Academia Nacional de Direito do Trabalho – da Academia Paranaense de Letras Jurídicas – do Instituto dos Advogados de São Paulo.

CADERNOS DE PROCESSO DO TRABALHO

N. 3

FONTES E PRINCÍPIOS DO DIREITO PROCESSUAL DO TRABALHO

De acordo com a Lei n. 13.467/2017 ('Reforma Trabalhista')

LTr®

EDITORA LTDA.

Rua Jaguaribe, 571
CEP 01224-003
São Paulo, SP — Brasil
Fone (11) 2167-1101
www.ltr.com.br
Maio, 2018

Produção Gráfica e Editoração Eletrônica: PIETRA DIAGRAMAÇÃO
Projeto de capa: FABIO GIGLIO
Impressão: PIMENTA & CIA LTDA.

Versão impressa— LTr 6003.4 — ISBN 978-85-361-9615-2
Versão digital— LTr 9351.6 — ISBN 978-85-361-9639-8

Dados Internacionais de Catalogação na Publicação (CIP)
(Câmara Brasileira do Livro, SP, Brasil)

Teixeira Filho, Manoel Antonio

Cadernos de processo do trabalho, n. 3: fontes e princípios do direito processual do trabalho. De acordo com a Lei n. 13.467/2017 ('Reforma Trabalhista') / Manoel Antonio Teixeira Filho. – São Paulo: LTr, 2018.

Bibliografia.

1. Direito processual do trabalho 2. Direito processual do trabalho – Brasil I. Título.

18-14006 CDU-347.9:331(81)

Índice para catálogo sistemático:

1. Brasil: Direito processual do trabalho 347.9:331(81)

SUMÁRIO

Primeira Parte

Fontes do Direito Processual do Trabalho

Segunda Parte

Princípios Processuais

PRIMEIRA PARTE

FONTES DO DIREITO PROCESSUAL DO TRABALHO

Fontes do Direito Processual do Trabalho

O vocábulo *fonte*, originário do latim *fons, fontis*, indica a origem, a procedência de alguma coisa.

De modo objetivo, podemos classificar as fontes do Direito Processual do Trabalho em: 1) formais; e 2) informais, conforme estejam previstas em lei, ou não, respectivamente.

1. Fontes formais

Subclassificam-se em:

- direta
- indireta
- integrativa

1.1. Fonte formal direta, por excelência, é a lei. Convém observar que a competência para legislar sobre direito processual é privativa da União (CF, art. 22, I). A fonte formal direta, porém, não é, apenas, a Constituição Federal, senão que, também, a lei infraconstitucional, como é o caso:

• do Decreto n. 5.452, de 1º de maio de 1943, que instituiu a Consolidação das Leis do Trabalho – CLT, com suas alterações posteriores, dentre as quais se destacam: a) o Decreto-Lei n. 779, de 21 de agosto de 1969, que estabeleceu algumas prerrogativas processuais à União, aos Estados, ao Distrito Federal, aos Municípios e às autarquias e fundações de direito público, em todas as esferas, desde que não explorem atividade econômica; b) a Lei n. 5.584, de 26 de junho de 1970, que, dentre outras coisas, instituiu as ações de alçada exclusiva dos órgãos de primeiro grau da Justiça do Trabalho; c) a Lei n. 13.467, de 13-7-2017, que introduziu diversas alterações no processo do trabalho, dentre as quais:

1. inseriu, na competência das Varas do Trabalho, a homologação de acordo extrajudicial (art. 652, *"f"*);

2. previu a contagem dos prazos em dias úteis (art. 775, *caput)*;

3. alterou os critérios para a concessão de gratuidade da justiça (art. 790, §§ 3º e 4º);

4. dispôs sobre o pagamento de honorários periciais (art. 790-B);

5. dispôs sobre o pagamento de honorários de advogado oriundos da sucumbência (art. 791-A);

6. dispôs sobre a responsabilidade por dano processual (art. 793-A) e litigância de má-fé (arts. 793-B a 793-D);

7. detalhou o procedimento referente à exceção de incompetência territorial (art. 800);

8. alterou a regra sobre o ônus da prova (art. 818);

9. dispôs sobre os requisitos da petição inicial (art. 840);

10. dispôs sobre a desistência da ação (art. 841, §3º);

11. declarou que o preposto não necessita ser empregado do preponente (art. 843, § 3º);

12. dispôs sobre o adiamento da audiência, o pagamento de custas e a revelia (art. 844, §§ 1º a 5º);

13. permitiu a apresentação de defesa escrita pelo processo judicial eletrônico até a audiência (art. 847, parágrafo único);

14. disciplinou o procedimento do incidente de desconsideração da personalidade jurídica (art. 855-A);

15. instituiu o "processo de jurisdição voluntária para homologação de acordo extrajudicial" (art. 855-B a 855-E);

16. dispôs sobre a execução de ofício das contribuições sociais (art. 876, parágrafo único);

17. indicou a situação em que a execução poderá ser promovida pelo juiz, *ex officio* (art. 878);

18. alterou disposições sobre os cálculos e sua atualização (art. 879, §§ 2º e 7º);

19. dispôs sobre a garantia do juízo, para efeito de embargos à execução (art. 882);

20. autorizou o protesto de decisão judicial transitada em julgado (art. 883-A);

21. dispensou as entidades filantrópicas da garantia do juízo (art. 884, § 6º);

22. modificou disposições sobre o recurso de revista (art. 896, § 1º-A, IV, e § 14);

23. regulou o requisito da transcendência, em sede de recurso de revista (art. 896-A, §§ 1º a 6º);

24. alterou disposições pertinentes ao depósito para recurso (art. 899, §§ 4º, 5º, 9º a 11);

25. revogou os seguintes dispositivos da CLT: §§ 1º, 3º e 7º, do art. 477; art. 792; parágrafo único do art. 878; §§ 3º a 6º do art. 896; e § 5º do art. 899.

• da Lei n. 13.105, de 16-3-2015, instituidora do Código de Processo Civil – CPC, aplicável ao processo do trabalho por força do disposto no art. 769, da CLT;

• da Lei n. 6.830, de 22 de setembro de 1980, que dispõe sobre a cobrança judicial da dívida ativa da Fazenda Pública, de incidência supletiva no processo do trabalho, em razão do estabelecido no art. 889, da CLT;

• da Lei n. 7.701, de 21 de dezembro de 1988, contendo diversas normas sobre processo do trabalho;

• da Lei n. 7.347, de 24 de julho de 1985, disciplinadora do exercício da ação civil pública;

• da Lei n. 8.078, de 11 de setembro de 1990, dispondo sobre a proteção do consumidor (denominada, por isso, de "Código de Defesa do Consumidor - CDC").

Ainda como fontes formais diretas podem ser referidos os tratados e as convenções internacionais.

1.2. Fontes formais *indiretas* são a doutrina e a jurisprudência

A doutrina é formada pelas opiniões dos estudiosos, dos juristas, que as manifestam sob a forma de livros, de palestras, de conferências, de aulas, de artigos, de pareceres etc.

A jurisprudência é, de modo geral, o conjunto das decisões dos tribunais, acerca de determinada matéria. As súmulas traduzem a cristalização, a sedimentação dessa jurisprudência. Sob este aspecto, revelam-se de grande utilidade, em tese, as súmulas, tanto do Tribunal Superior do Trabalho quanto dos Tribunais Regionais do Trabalho, assim como as Orientações Jurisprudenciais das Seções de Dissídios Individuais e de Dissídios Coletivos, do Tribunal Superior do Trabalho. A observar-se, ainda, que o Supremo Tribunal Federal foi dotado da faculdade de editar súmulas com efeito vinculativo dos demais órgãos jurisdicionais e da administração pública, desde que atendidos os requisitos do art. 103-A, da Constituição Federal. A edição, a revisão, e o cancelamento do enunciado de súmulas vinculantes foi regulada pela Lei n. 11.417, de 19 de dezembro de 2006.

Doutrina e jurisprudência, entretanto, não são compartimentos estanques, incomunicáveis; ao contrário, funcionam como espécie de recipientes comunicantes, exercendo influência, uma sobre a outra. Não raro, ambas influenciam o próprio legislador. Cite-se, como exemplo, o fato de a doutrina e a jurisprudência trabalhistas sempre entenderem, de maneira unívoca, ser incompatível com o processo do trabalho o depósito de cinco por cento sobre o valor da causa, exigido pelo inciso II, do art. 488, do CPC de 1973 (art. 968, II, do CPC de 2015), para efeito de exercício da ação rescisória. Posteriormente, ao reelaborar o art. 836, da CLT, para admitir a ação rescisória no processo do trabalho, o legislador, atento às ponderações da doutrina e da jurisprudência, dispensou, de maneira expressa, a realização do mencionado depósito pecuniário - embora, tempos depois, passasse a exigi-lo, inclusive, em percentual superior ao do próprio CPC (Lei n. 11.495, de 22-6-2007, que alterou a redação do art. 836, da CLT).

1.3. Fontes formais *integrativas* são a analogia, os costumes, os princípios gerais de direito e a equidade

Em que pese ao fato de o nosso ordenamento legal ser minucioso, ele apresenta certas lacunas. Esses espaços vazios devem ser supridos ou integrados, pois embora se admita a possibilidade de a legislação ser lacunosa, não se aceita que o direito o seja. Essa integração pode ser realizada pela analogia, pelos princípios gerais de direito e pela equidade.

A este propósito, é proveitoso rememorar a regra constante do art. 140, do CPC, conforme a qual o juiz não poderá eximir-se de sentenciar ou de despachar alegando lacuna ou obscuridade do ordenamento jurídico. Desse modo, no julgamento das causas, se não houver norma legal regente do caso concreto, caber-lhe-á valer-se da analogia, dos costumes e dos princípios gerais de direito. O parágrafo único do art. 140, do CPC, adverte, contudo, que o juiz somente poderá decidir por equidade nos casos previstos em lei.

Analogia. Significa que se inexistir dispositivo legal respeitante à matéria submetida à sua apreciação, o juiz estará autorizado a aplicar uma norma legal reguladora de situação jurídica semelhante (análoga, do grego, *análogos*: proporcional, que está em relação com) à do caso concreto. A analogia se subordina, pois, a este princípio: "fatos semelhantes exigem regras semelhantes".

Dentro da técnica da analogia, será lícito ao juiz, inclusive, atribuir à norma legal uma interpretação extensiva, como quando se encontra em condições de argumentar que o legislador teria dito menos do que pretendia (*minus dixit quam voluit*). Um pequeno exemplo desta última situação: o art. 3º, do CPC de 1973, declarava: "Para propor ou contestar ação é necessário ter interesse e legitimidade". Estava patente, aí, que o legislador dissera menos do que desejava, pois, em rigor, não apenas para propor ou contestar ação era imprescindível que a parte possuísse interesse processual e legitimidade, como estes são exigíveis, por igual, para impugnar, excepcionar, reconvir, recorrer, embargar e o mais. O interesse e a legitimidade, enfim, não são somente duas das condições para o exercício da ação, mas a medida de aferição de todos os atos que as partes praticam ou desejam praticar nos autos do processo. Andou certo, portanto, o CPC de 2015, ao declarar que o interesse e a legitimidade são necessários para qualquer *postulação* em juízo (art. 17).

Costumes. Nosso sistema jurídico não está baseado nos costumes (consuetudinário), senão que se funda na lei. Por isso mesmo, um dos princípios constitucionais mais importantes para o nosso Estado Democrático de Direito é o da *legalidade* ou da *reserva legal*, inscrito no inciso II, do art. 5º, da Constituição da República, segundo o qual ninguém será obrigado a fazer ou deixar de fazer alguma coisa senão em virtude de lei. Apesar disso, o sistema legal permite ao juiz, nas lacunas da lei, decidir de acordo com os costumes.

Princípios gerais de direito. Revelam-se como preceitos consagrados pela ciência jurídica. Apresentam-se como manifestação da essência ou do espírito de uma legislação. Podemos mencionar como princípios gerais de direito os seguintes, dentre tantos: todos são iguais perante a lei; *iura novit curia* (o juiz conhece o direito); *pacta sunt servanda* (os pactos ou contratos devem ser observados); *reformatio in peius* (não se admite, no plano dos recursos, a reforma para pior); da boa-fé, na celebração e na execução dos contratos (Cód. Civil, art. 422); da irrenunciabilidade de direitos, pelo trabalhador; da onerosidade, nos contratos de trabalho etc.

Equidade. Em termos pragmáticos, a equidade (do latim, *aequitas*: igualdade) significa a realização de justiça no julgamento da causa. Não nos enredemos no conceito filosófico do vocábulo, pois isto contraria os propósitos deste livro. O art. 140, parágrafo único, do CPC, há pouco mencionado, entrementes, é inequívoco ao afirmar que o juiz somente estará autorizado a decidir por equidade nas situações expressamente previstas em lei. Mesmo no processo do trabalho, contudo, é extremamente diminuta a possibilidade de ocorrência de um juízo de equidade.

Um desses casos está materializado no art. 766, da CLT, assim redigido: "Nos dissídios sobre estipulação de salários, serão estabelecidas condições que, assegurando *justos* salários aos trabalhadores, permitam também *justa* retribuição às empresas interessadas" (ressaltamos). O substantivo *justo,* aí utilizado, revela a presença de um juízo de equidade, porquanto, conforme afirmamos há pouco, a equidade pressupõe a justa solução do conflito de interesses.

No âmbito das relações civis, essa possibilidade é maior. Exemplos: o art. 723, parágrafo único, afirma que o juiz não estará obrigado a observar o critério de legalidade estrita, "podendo adotar em cada caso a solução que reputar mais conveniente ou oportuna", vale dizer, decidir por equidade, segundo os critérios de oportunidade e de conveniência e sempre com vistas ao bem comum.

A Lei n. 9.307, de 23 de setembro de 1996, que dispôs sobre a arbitragem, declara, por sua vez, que esta poderá ser de direito ou de equidade, a critério das partes (art. 2º, *caput*).

2. Fonte informal

As normas legais, assim como os demais atos normativos emanados dos Poderes competentes (Portarias, Resoluções, Instruções, Provimentos etc.) compõem o *processo oficial – ou o devido processo legal,* para utilizarmos a expressão do inciso LIV, do art. 5º, da Constituição da República.

Todavia, ao lado do processo oficial, e com ele convivendo com certa harmonia, numa espécie de simbiose sistêmica, temos o *processo da praxe*, constituído pelo conjunto dos atos, não previstos em lei, que os juízes do trabalho praticam com o objetivo, via de regra, de conferir maior efetividade ao próprio processo oficial.

Deste modo, essas práticas judiciárias são não apenas geratrizes do processo da praxe, como fonte informal do processo oficial. Seria inadequado classificar tais práticas como fonte *integrativa* do processo oficial, pois nem sempre se destinam a suprir lacunas deste processo, senão que a interpretá-lo à luz de seus objetivos essenciais.

Vejamos algumas dessas manifestações do processo da praxe.

Fragmentação da audiência. No processo do trabalho, a audiência, em princípio, deveria ser una (CLT, arts. 843 a 852), na qual seriam praticados todos os atos processuais, excluídas, por motivos evidentes, a petição inicial e a citação do réu. Somente por motivo de força maior a audiência poderia ser fracionada, vale dizer, prosseguir em outra data (CLT, art. 849). Com o passar dos anos, entretanto, os juízes do trabalho puseram-se a fracionar a audiência, denominando-as de *inicial*, de instrução e de *julgamento*. Em rigor, a audiência continuou a ser, ontologicamente, uma, embora fracionada em três partes ou sessões.

Um dos motivos pelos quais a magistratura realizou esse fracionamento consistiu em: a) poder inserir na pauta das audiências dita *iniciais* uma expressiva quantidade de processos, pois essas audiências, de modo geral, tinham – e ainda têm – duração algo em torno de dez minutos; b) dispor de mais tempo para ler a defesa do réu e os documentos que a instruíam, com vistas à audiência de *instrução* oral; c) poder examinar, com mais vagar, todas as peças e provas processuais, visando a proferir a sentença (*audiência de julgamento*).

Defesa. Segundo o processo oficial, a defesa (melhor: a resposta) do réu deve ser feita em vinte minutos (CLT, art. 847). Sua forma, portanto, é *oral*. A despeito disso, desde muito tempo a grande maioria dos juízes admite – e, em alguns casos, até mesmo exige – a apresentação de defesa *escrita*. Essa forma de apresentação é conveniente a todos: ao réu, porque poderá elaborar a sua resposta (exceção, contestação, reconvenção) à inicial em seu escritório, valendo-se de todos os recursos que a tecnologia moderna lhe coloca à disposição, além de melhor poder coordenar as suas ideias e argumentos e poder dar atendimento ao princípio da impugnação especifica dos fatos, materializado no art. 341, do CPC; ao juiz, porque a defesa escrita, por demorar muito pouco tempo para ser apresentada, permite-lhe designar um número maior de audiências na pauta; esse número seria reduzido se, para cada defesa, devesse reservar o tempo de vinte minutos. Nem se suponha que a elaboração da defesa por escrito ensejaria a nulidade do processo, por ofensa ao art. 847, da CLT. Sucede que, por força do *princípio da instrumentalidade*, corporificado nos arts.188 e 277, do CPC, quando a lei prescrever determinada forma, sem cominação de nulidade, será válido o ato se, praticado de forma diversa, alcançar a finalidade em relação à qual foi instituído. A lembrar-se que o art. 847, da CLT, não comina de nulidade a defesa apresentada sob forma diversa da oral.

Protesto antipreclusivo. Qualquer manifestação da parte, em relação a atos do adversário ou do próprio magistrado – designadamente, os atos que poderiam implicar em nulidade processual – deveria ser reservada para a oportunidade ou fase das *razões finais* (CLT, art. 850, *caput*). Essa manifestação estava em harmonia com a audiência *una,* da qual as razões finais faziam parte. Com a fragmentação da audiência, entrementes, em *inicial, instrução* e *julgamento,* o panorama se alterou, profundamente. Ocorre que, muitas vezes, o juiz praticava, digamos, na audiência *inicial,* determinado ato com o qual a parte não concordava, por entender que lhe era prejudicial e lesiva de direito. Em razão disso, a parte aguardava a realização da audiência *de instrução,* para externar, no momento das razões finais, a sua discordância do ato judicial. Deu-se, todavia, que muitos juízes passaram a declarar que essa manifestação era intempestiva, significa dizer, que estava preclusa, porquanto deveria ter sido realizada na própria audiência (inicial) em que o ato judicial (comissivo ou omissivo) foi praticado. Diante disso, as partes passaram a manifestar seu *protesto,* ato contínuo ao ato judicial, como media destinada a evitar a preclusão. Surgiu, assim, o *protesto antipreclusivo,* como genuína criação da praxe, uma vez que não estava – nem está – previsto em lei.

Razões finais. Embora devam ser aduzidas oralmente, em audiência, em face do disposto no art. 850, *caput,* da CLT, tem sido nítida e crescente a tendência de os juízes substituírem as razões finais orais por escritas (apresentadas na secretaria do órgão), notadamente, quando a causa envolve matérias ou temas de considerável complexidade, como se dá, por exemplo, em sede de ação civil pública. A convolação das razões finais orais para escritas parece estar inspirada no art. 364, § 2º, do CPC, que permite a substituição dos debates orais por memoriais escritos, sempre que a causa apresentar questões complexas de fato e de direito.

O processo da praxe contém aspectos favoráveis e desfavoráveis. Os favoráveis consistem na extrema rapidez que possui em responder às novas exigências da realidade. Realmente, muitas vezes, a solução dos problemas gerados pela dinâmica das relações sociais e jurídicas requer certa urgência, sob pena de lesão irreparável ao direito das partes ou de grave desprestígio da própria Justiça do Trabalho. A solução desses problemas pela via legislativa é, por natureza, demorada, não sendo desarrazoado afirmar que, não raro, quando advém a solução legislativa os fatos já estão adiante da lei, escapando-lhe do alcance. O aspecto desfavorável do processo da praxe reside na sua falta de uniformidade. Assim dizemos porque cada juiz, ao procurar solucionar os problemas processuais identificados, acaba por criar um processo particular, de tal modo que haverá o risco de existirem tantos desses processos e procedimentos quantos forem os magistrados. Essa falta de uniformidade acarreta uma insegurança jurídica no espírito dos jurisdicionados, pois o processo variará conforme seja o juiz que, naquele dia, estiver respondendo pelo órgão judiciário.

Sopesando-se, contudo, os defeitos e as virtudes do processo da praxe, o prato da balança pende para estas últimas – particularidade que tem legitimado a existência desse processo concebido pela criatividade judiciária, como forma de contornar a ineficiência do processo oficial diante dos crescentes apelos que brotam da dinâmica social.

Fontes do direito processual do trabalho:

- a) formais
  - direita
    - lei
  - indireta
    - doutrina
    - jurisprudência
  - integrativa
    - analogia
    - costumes
    - princípios gerais de direito
    - equidade

b) informal: processo da praxe

SEGUNDA PARTE

PRINCÍPIOS PROCESSUAIS

Capítulo I

Capítulo I

GENERALIDADES

1. Conceito de princípio

Conquanto o vocábulo *princípio* (do latim *principium*) seja polissêmico, interessa-nos, em particular, o seu significado nos domínios da ciência jurídica.

Para Miguel Reale, princípios são "verdades fundantes de um sistema de conhecimento, como tais admitidas, por serem evidentes ou por terem sido comprovadas, mas também por motivos de ordem prática de caráter operacional, isto é, como pressupostos exigidos pelas necessidades da pesquisa e da *praxis*" ("Lições Preliminares de Direito", 7ª ed., São Paulo 1980, pág. 229).

Eduardo Couture, por sua vez, conceitua o princípio como "o enunciado lógico, extraído de ordenação sistemática e coerente de diversas normas de procedimento, de modo a outorgar à solução constante destas o caráter de uma regra de validade geral" (Vocabulário Jurídico", Montevidéu: 1950, pág. 489).

A nosso ver, *princípios* são formulações genéricas, de caráter normativo, destinadas não apenas a tornar logicamente compreensível a ordem jurídica e a justificar ideologicamente essa mesma ordem, como também a servir de fundamento para a interpretação ou para a própria criação de normas legais próprias. Sem prejuízo destas considerações, devemos acrescentar que os princípios também podem ser invocados para motivar a sentença, quando houver uma lacuna da lei quanto ao ponto a ser apreciado pelo juiz; é o que dispunha o art. 126, do CPC de 1973: não havendo norma legal, cumpriria ao julgador decidir com base na analogia, nos costumes ou nos *princípios gerais de direito*. Em que pese ao fato de o art. 140, do CPC de 2015, não haver reproduzido a regra, isso não significa que esta se tornou incompatível com o novo Código. Deste modo, se, em determinado caso concreto, inexistir norma legal para reger a matéria, o juiz poderá valer-se da analogia, dos costumes e dos princípios gerais de direito.

Assim, os *princípios* traduzem preceitos de caráter genérico, mas dotados de certa carga de normatividade, cuja finalidade é múltipla: tornar compreensível o ordenamento jurídico; justificar, sob o aspecto ideológico, a razão de ser desse ordenamento; servir como supedâneo para a interpretação de normas legais ou para a criação dessas normas, bem como de fundamento da sentença; neste último caso, atuam no vazio legislativo, com o escopo de regular as situações que, acaso, tenham ficado fora da previsão do legislador.

Tal é a relevância dos princípios, na ordem jurídica, que a própria Constituição da República declara, no § 2º do art. 5º: "Os direitos e garantias expressos nesta Constituição não excluem outros decorrentes do regime e dos *princípios* por ela adotados (...)". Destacamos.

Não se admite, todavia, a formulação de princípios contra a lei (*contra legem*), embora sejam tolerados os princípios que visem a interpretar a norma legal à luz das transformações da realidade e das novas exigências sociais.

Inexistem, contudo, princípios jurídicos eternos: eles podem ser substituídos por outros, ou mesmo eliminados, como quando ocorrer modificação da matriz legislativa ou dos fatos em que se inspiraram.

Sob outro aspecto, a "autoridade" (normatividade) dos princípos decorre de sua aceitação pela generalidade (ou, quando menos, pela grande maioria) dos juristas e dos operadores do Direito. Essa aceitação geral, aliás, atribui-lhes certo caráter de axioma.

2. Princípios e características

Princípio e *característica* não são vocábulos sinônimos, ainda que, vulgarmente, costumem ser confundidos entre si.

Em primeiro lugar, devemos lembrar que o *princípio* tem o atributo da *generalidade,* ao passo que a *característica,* como a própria palavra indica, diz respeito a algo particular. Em segundo, enquanto o *princípio* é dotado de uma acentuada carga de normatividade, a *característica* contém pouca ou nenhuma carga dessa natureza. Em terceiro, a função do *princípio,* como vimos, é a de permitir a interpretação, a compreensão e a justificação do ordenamento jurídico ou a criação de normas legais; a da *característica* não vai além de revelar a particularidade de alguma coisa, para desassemelhá-la de outra (exemplo: a resposta em audiência, seja oral ou escrita, é uma característica do procedimento trabalhista legislado, não um seu princípio). Em quarto, o *princípio,* por sua eventual relevância (política, jurídica), pode ter natureza institucional; a *característica,* jamais.

Os princípios também não devem ser confundidos com os brocardos. Estes, sinônimos de máxima, aforismo, anexim, rifão, adágio, são ditos sentenciosos que valem como simples preceitos. A propósito, a palavra *brocardo* é originária do latim *brocarda. Brocardus,* por outro lado, foi autor de um compêndio de máximas. O Bispo de Woms (século XI) também elaborou uma coletânea de aforismos, a que deu o nome de *Decretum Burchardi,* cujas máximas foram chamadas de *Burcardos.*

Ainda que os brocardos tenham a sua finalidade, e sejam aceitos por muitos, Carlos Maximiliano se dedicou à tarefa de coligir as críticas mais frequentes à aceitação dos brocardos no âmbito jurídico. Conforme o referido jurista, essas críticas eram as seguintes: a) a fórmula genérica e ampla dos brocardos, não raro, é ilusória, pois muitas vezes são destacados de um determinado contexto, onde possuíam sentido diverso daquele que passaram a ter, quando interpretados isoladamente; b) em certos casos, os brocardos não possuem valor científico, chegando, inclusive, a consagrar princípios falsos; c) o emprego desses brocardos, muitas vezes, ultrapassa o campo de aplicação; d) a multiplicidade de brocardos pode fazer com que sejam encontrados brocardos contraditórios; e) embora sejam expressos em Latim, nem sempre ostentam a autoridade do Direito Romano, sendo muitas vezes difícil descobrir-se a sua origem ("Hermenêutica e Aplicação do Direito", 7ª ed., Rio: Edit. Freitas Bastos, 1961, pág. 298).

Em que pese ao fato de reconhecermos que Paul Léataud tinha uma certa razão ao afirmar não haver "sentenças, máximas, aforismos de que não se possa escrever o contrário", não podemos deixar de dizer que as críticas feitas à existência de brocardos jurídicos são injustas, pois não se pode negar a utilidade destes, como preceitos destinados a formular regras de conduta ou de bom senso, a serem adotadas em situações que estejam a reclamar uma solução jurídica. Sob essa perspectiva pragmática, ninguém poderá negar, por certo, a excelência de brocardos, como: *Actiones non natae non praescribuntur* (as ações não nascidas não prescrevem); *Bis de eadem re non sit actio* (Não se dê ação duas vezes sobre a mesma coisa); *Confessio est probatio omnibus melior* (A confissão é a melhor de todas as provas); *In dubio pro reo* (Na dúvida, em favor do réu); *In medio consistit virtus* (A virtude está no meio); *Lex clara non indiget interpretatione* (Lei clara não necessita de interpretação); *Judex secundum allegata et probata judicare debet* (O juiz deve julgar segundo o alegado e provado); *Judex ultra petita condemnare non potest* (O juiz não pode condenar além do pedido); *Dura lex, sed lex* (a Lei é dura, mas é a lei); *Nemo debet inauditus damnari* (Ninguém deve ser condenado sem ser ouvido); *Non probandum factum notorium* (O fato notório não precisa ser provado); *Nulla poena sine lege* (Não há pena sem lei), dentre tantos outros que poderiam ser aqui mencionados.

3. Princípios informativos e princípios fundamentais

Desde o século passado (Mancini-Pisanelli-Scialoja, "*Commentario del codice de procedura civile per gli stati sardi*", vol. I, parte II, Torino: Amministrazione della Società Editrice, 1855, pág. 7), a doutrina classificou os princípios processuais em: a) *informativos* e b) *fundamentais.*

a) Os princípios *informativos,* por dispensarem demonstrações, são elevados à categoria de axiomas. Têm, por isso, caráter universal. Como observam Cintra, Grinover e Dinamarco, os princípios informativos "não se limitam ao campo da deontologia e perpassam toda a dogmática jurídica, apresentando-se ao estudioso do direito nas suas projeções sobre o espírito e a conformação do direito positivo"(Teoria Geral do Processo", 21ª ed., São Paulo: Malheiros Editores, 2005, pág. 53). Por outro lado, esses princípios se fundam em critérios técnicos e lógicos, sendo praticamente destituídos de conteúdo ideológico. Subdividem-se em: 1) *lógico;* 2) *jurídico;* 3) *político;* 4) *econômico.*

1) *Lógico.* Significa que o processo (e o procedimento) deve ser coerente em sua estrutura. Assim, a petição inicial deve anteceder à resposta do réu, do mesmo modo como as preliminares vêm antes do mérito e a instrução deve ser realizada antes da sentença. Em rigor, essa exigência de "logicidade" não constitui um traço exclusivo do processo, sendo, isto sim, um imperativo de qualquer obra ou texto produzido pelo homem.

2) *Jurídico.* Tanto significa que o processo não deve ser produto da vontade arbitrária do juiz, mas atender a normas legalmente preestabelecidas, como deve ser um instrumento justo, na sua função instrumental de solução de conflitos de interesses tendo por objeto bens ou utilidades da vida.

3) *Político.* Não se pode negar o fato de o processo ser também um instrumento da democracia. Daí, o seu sentido político, consistente na regra de que ele deve corresponder a um máximo de segurança social, com um mínimo de sacrifício das liberdades individuais. A História dos povos demonstra, aliás, haver uma íntima ligação entre os regimes políticos e o processo, de tal arte que, quase sempre, a instauração de regimes com vocação ditatorialesca tem acarretado uma considerável redução dos direitos processuais dos indivíduos.

4) *Econômico.* Trata-se de uma regra de ordem prática, segundo a qual se deve obter um máximo do processo com um mínimo de tempo e de atividade jurisdicional, respeitados, à evidência, os direitos e garantias assegurados por lei aos litigantes.

O princípio *informativo* se subdivide, portanto, em:

• *lógico*: seleção dos meios mais eficientes e rápidos de descobrir a verdade e de evitar o erro;

• *jurídico*: tratamento igualitário às partes e justiça na decisão;

• *político*: máximo de garantia social, com um mínimo de sacrifício individual da liberdade;

• *econômico:* processo acessível a todos, com um mínimo de dispêndio de tempo e de atividade.

b) Os princípios *fundamentais,* também denominados de *gerais,* ao contrário dos *informativos,* possuem (ou podem possuir) conteúdo político e ideológico. Justamente por esse motivo é que permitem ser contrapostos por outros princípios, levando-se em conta determinadas circunstâncias (políticas, sociais, ideológicas etc.). Consequentemente, não possuem caráter axiomático. Para exemplificar: enquanto no processo civil vigora o princípio da verdade formal, no processo penal é soberano o princípio da verdade real. Ainda: no processo civil predomina o princípio dispositivo, ao passo que no processo penal a preeminência é do princípio da indisponibilidade. Esta afirmação deve ser feita com certa reserva, porquanto no processo civil há casos de indisponibilidade, como ocorre no âmbito do direito de família, assim como o processo penal contém casos de disponibilidade, como se dá nas ações penais privadas.

É oportuno lembrar que alguns autores têm colocado em dúvida a utilidade dos princípios, e do seu estudo, no terreno jurídico. Essas críticas, porém, são infundadas, pois, como dissemos antes, os princípios se destinam não apenas a tornar logicamente compreensível a ordem jurídica e a justificá-la sob o aspecto ideológico, como a servir de fundamento para a interpretação e a própria criação de normas legais. Naturalmente, esses princípios não são eternos nem inflexíveis, razão pela qual poderão ser eliminados ou modificados, ao logo do tempo, a fim de atenderem às transformações sociais, políticas, ideológicas etc., impostas pela dinâmica da sociedade, ou à própria evolução do pensamento jurídico.

Capítulo II

Capítulo II

Exame dos princípios

Seção I – Princípios constitucionais e infraconstitucionais

Para logo, deve ser esclarecido que a classificação dos princípios processuais em *constitucionais* e *infraconstitucionais* adota como critério fundamental o fato de essas normas estarem previstas, ou não, na Suprema Carta Política do País.

Essa divisão dicotômica, ao contrário do que se possa imaginar, não é inútil: basta observar que se o princípio estiver inscrito na Constituição não poderá ser eliminado ou modificado pelo legislador ordinário. Esses princípios representam, portanto, uma garantia constitucional dos indivíduos e das coletividades. Apenas para exemplificar: o princípio da inafastabilidade da jurisdição (direito de ação) está contido no art. 5.°, inciso XXXV, do texto constitucional; sendo assim, o legislador ordinário (infraconstitucional) não poderá, por mais relevante que lhe pareça o motivo, cercear ou restringir o exercício desse direito de invocar-se a prestação da tutela jurisdicional, com a finalidade de promover a satisfação de interesses ligados a bens ou a utilidades da vida.

Subseção I – Princípios constitucionais

Efetuadas essas considerações introdutórias, examinemos, agora, os princípios atinentes ao processo, que se encontram inscritos na Constituição Federal, ou seja, que caracterizam a *tutela constitucional do processo.*

1. Devido processo legal

A cláusula do "devido processo legal" *(due process of law)* teve origem na *Magna Charta Libertarum,* do Rei João Sem-Terra, de 1215 (art. 39). Inicialmente, a garantia de um "julgamento regular", referida nessa Carta, fora denominada *de law of the land,* expressão que foi mais tarde substituída, no Estatuto *(Statute of Westminster of the Liberties of London*) de 1354, de Eduardo III, por *due process of law.*

Na América do Norte, algumas Constituições estaduais também previram a cláusula do devido processo legal, como as de Maryland, Pensylvania,

Massachussets e Virgínia. As Constituições da Virgínia ("Declaração dos Direitos", de 16-8-1776) , de Maryland (de 3-11-1776) e da Carolina do Norte (de 14-12-1776) faziam expressa referência à *law of the land*. Coube à de Maryland, todavia, o mérito de haver aludido, pela primeira vez, ao trinômio: *vida-liberdade-propriedade* (*life, liberty or property*), que seria incorporado por outras Constituições norte-americanas.

Foi, contudo, por força da Emenda n. 5, elaborada por Madison em 1791, que se inseriu na Constituição norte-americana de 1787 a cláusula do *devido processo legal*, cuja redação era a seguinte:

> "Nenhuma pessoa poderá responder por qualquer grave ou infame crime senão mediante apresentação e libelo de um grande júri, exceto nos casos surgidos nas forças militares e policiais, quando em serviço no tempo de guerra ou em período público, nem poderá pessoa alguma, pela mesma ofensa, por mais de uma vez, ter exposta a vida ou a integridade, nem ser compelida em qualquer caso criminal a testemunhar contra si mesma, nem ser privada da vida, da liberdade ou propriedade sem o *devido processo legal;* nem ter bens expropriados sem justa indenização"(destacamos).

Mais tarde, a Emenda n. XV exigiu que os Estados-Membros concedessem a mesma garantia.

A Emenda n. XVI, introduzida na Constituição de 1868, por sua vez, dispõe:

> "Todas as pessoas nascidas e naturalizadas nos Estados Unidos e sujeitas à jurisdição de lá são cidadãos dos Estados Unidos e do Estado onde residem. Nem um Estado deve fazer ou forçar qualquer lei que abranja os privilégios e imunidades dos cidadãos dos Estados Unidos; nenhum Estado deve privar qualquer pessoa da vida, liberdade ou propriedade sem o *devido processo legal,* nem condenar qualquer pessoa sem sua jurisdição de igual proteção das leis" (realçamos).

A maioria das Constituições dos Estados Democráticos modernos incorporou a cláusula do *devido processo legal*. No Brasil, ainda que essa garantia se encontre dispersa pelos textos anteriores, foi na Constituição de 1988 que a ela se fez expressa referência, pela primeira vez. Com efeito, consta do art. 5º, inciso LIV, da Constituição Federal, que ninguém será privado da *liberdade* ou de seus *bens* "sem o devido processo legal". Note-se que o constituinte brasileiro fez alusão apenas ao binômio *liberdade-propriedade*, e não ao trinômio vida-liberdade-propriedade, característico das Constituições norte-americanas, porquanto, entre nós, não existe a *pena de morte*, salvo em caso de guerra (Constituição, art. 5º, inciso XLVII, letra "*a*").

Em verdade, o princípio do *devido processo legal* não pode ser visto como um dos tantos princípios do processo, senão como o mais importante de todos, um *super-princípio*, por assim dizer, do qual todos os outros, de certa forma, decorrem. Realmente, se verificarmos que o *devido processo legal* compreende: a) o direito à citação; b) o direito a um julgamento público, e rápido; c) o direito à produção de provas em geral; d) o direito ao contraditório; e) o direito de não ser processado por lei retroativa; f) o direito à igualdade de tratamento; g) o direito de não ser acusado ou condenado com base em provas ilegais; h) o direito à assistência judiciária gratuita ; i) o direito a obter uma sentença fundamentada etc., haveremos de concluir que praticamente todos os princípios processuais estão contidos na cláusula constitucional do *due process of law.*

Mesmo que se devesse admitir – somente para argumentar – que, no âmbito estrito do processo civil, o princípio do devido processo legal abarcasse, apenas, os: a) de garantia do direito de ação; b) do direito de defesa; c) de igualdade de tratamento; d) do contraditório, ainda assim estaríamos diante de um princípio fundamental, de um superprincípio, conforme dissemos. Em todo o caso, para nós o princípio do devido processo legal tem abrangimento muito mais amplo, pois constitui o somatório de todos os outros princípios. O fato de o constituinte brasileiro haver feito menção não só ao princípio do devido processo legal, mas também a outros, que se encontram naquele compreendidos, não pode ser oposto à nossa conclusão de que o princípio do devido processo legal abrange os demais. Quer nos parecer que essa atitude do constituinte derivou de uma preocupação esclarecedora, consistente em enfatizar o elenco dos princípios integrantes do devido processo legal. Essa enumeração teve, portanto, uma finalidade muito mais didática do que sistemática. De qualquer forma, não devemos confundir o legislador com o jurista: apenas este sói deter o conhecimento da ciência processual.

2. Inafastabilidade da jurisdição

Em rigor, este princípio diz respeito à jurisdição, não ao processo; visto sob a perspectiva da juridição, o princípio aparece como sendo da *indeclinabilidade.*

Nada obsta, porém, a que o apreciemos agora sob o ponto de vista do processo, mormente se considerarmos que fizemos uma separação entre os princípios constitucionais do processo e os infraconstitucionais, estando o da *inafastabilidade da jurisdição* compreendido no primeiro grupo.

A propósito, o princípio em estudo também pode ser denominado *da ação,* conforme veremos a seguir. Com efeito, a Constituição Federal declara, no inciso XXXV do art. 5.°, que "a lei não excluirá da apreciação do Poder Judiciário lesão ou ameaça a direito"; com isso, está a assegurar o direito de ação, consistente na possibilidade de o indivíduo invocar a prestação da tutela jurisdicional, nos casos e forma previstos em lei. A particularidade de a prestação dessa tutela – desde que regularmente invocada pelo interessado – não poder ser recusada pelo Estado justifica falar-se em um princípio da *inafastabilidade da jurisidição,* ou, mesmo, de um princípio *da ação.* Em essência, todas essas expressões significam a mesma coisa: o direito de os indivíduos e as coletividades invocarem a atuação jurisdicional do Estado, a que corresponde o dever estatal de prestar essa tutela.

A garantia do exercício do direito de ação traduz, aliás, uma salutar tradição constitucional de nosso País. Praticamente, todas as Constituições republicanas contiveram cláusula a esse respeito. Exceção isolada foi a Carta de 1937, outorgada por Getúlio Vargas, na qual não se inscreveu essa garantia. Esse período de exceção ao Estado de Direito, felizmente, já faz parte de um passado (obscuro, por certo). Merece ser referido – e, sem dúvida, lamentado – também o fato de o Ato Institucional n. 5, de 13 de dezembro de 1968, haver excluído "de qualquer apreciação judicial todos os atos praticados de acordo com este Ato Institucional e seus Atos Complementares bem como os respectivos efeitos" (art. 11).

O grande contributo da Constituição Federal de 1988 ao tema em estudo consistiu em assegurar o exercício do direito de ação não somente nos casos de *lesão* de direito, mas nos de simples *ameaça* de lesão. Como essa ameaça torna o direito material periclitante, isto quer dizer que esse risco pode ser afastado por meio das *tutelas de urgência*, dentre as quais se incluem as ações cautelares (máxime as derivantes do poder geral de cautela, que o art. 301 do CPC atribui, em abstrato, aos magistrados) e a ação de mandado de segurança, apenas para referirmos algumas.

Em termos práticos, o inciso XXXV do art. 5º da Constituição está a advertir que o legislador (ou quem quer que seja) não poderá, por que motivo for, excluir, ainda que temporariamente, da apreciação dos órgãos do Poder Judiciário qualquer lesão ou ameaça de lesão a direito. Entre nós, portanto, a ação constitui um direito público subjetivo e abstrato, consistente em obter a tutela jurisdicional do Estado; por outras palavras, a ação se apresenta como o *direito subjetivo* à sentença de mérito, ainda que, em situações extraordinárias, o processo possa vir a ser extinto sem pronunciamento acerca do mérito (CPC, art. 485). Para que o direito constitucional de ação seja regularmente exercido, contudo, será necessário que a parte o faça no prazo legal e atenda às *condições* previstas em lei, quais sejam: legitimidade para a causa e interesse de processual (CPC, arts. 17 e 485, VI); exigir-se-á, ainda, a presença dos pressupostos de constituição e de desenvolvimento regulares da relação jurídica processual (CPC, art. 485, IV).

Poderá, entretanto, a própria Constituição condicionar o ingresso em juízo à exaustão de certas vias não jurisdicionais (administrativas, *lato sensu*), como é o caso do art. 217, § 1º, da atual, segundo o qual "O Poder Judiciário só admitirá ações relativas à disciplina e às competições desportivas após esgotarem-se as instâncias da justiça desportiva, reguladas em lei". Esta possuirá o prazo de sessenta dias para proferir decisão final (§ 2º).

A Lei n. 9.307, de 23-9-96, que dispõe sobre a *arbitragem*, não é inconstitucional, pois não proíbe o exercício do direito de ação: tão somente faculta às partes resolver os seus litígios de natureza patrimonial por meios extrajudiciais, mediante a eleição de árbitro. Para isso, o contrato deverá conter *cláusula compromissória* e ser firmado o *compromisso arbitral*. Se uma das partes se recusar a assinar esse compromisso, a outra poderá ingressar em juízo, a fim de que a recusante seja citada para vir assinar o termo (art. 7.°). Convém lembrar que a sentença arbitral produz, entre as partes e sucessores, os mesmos efeitos da sentença proferida pelo Poder Judiciário e, sendo condenatória, constitui título executivo (art. 31). De qualquer forma, a parte interessada poderá se dirigir ao Poder Judiciário para pleitear a nulidade da sentença arbitral (art. 33), quando for o caso.

Embora determinado segmento da doutrina se recuse a distinguir o *direito de ação* do *direito de petição*, parece-nos que essa separação é necessária. Assim dizemos, não em decorrência do fato de o primeiro estar previsto no inciso XXXV, e o segundo, no inciso XXXIV, "*a*", ambos do art. 5º da Constituição, e sim porque enquanto aquele, como vimos, se destina a obter um pronunciamento *jurisdicional*, este visa a uma resposta ou manifestação dos poderes públicos em geral, aí incluída a Administração e a Legislatura. O direito de petição é de natureza *política*.

3. Juiz natural

O princípio em foco está inscrito no inciso XXXVII da Constituição em vigor, assim redigido: "não haverá juízo ou tribunal de exceção". A cláusula do *juiz natural* (ou *juiz legal*, como preferem os alemães), surgiu, entre nós, na Constituição Federal de 1946 (art. 141, § 26). Tribunal ou juízo de exceção é o que foi criado para julgar fato já ocorrido. Sob este aspecto, não é despropositado falar-se em tribunal *ad hoc*, cuja expressão latina significa "para isto".

Melhor explicando: a cláusula constitucional do *juiz natural* representa a garantia de que alguém somente poderá ser condenado por órgão jurisdicional *preexistente* ao ato praticado por essa pessoa, vale dizer, por órgão judicante *preconstituído*. Proíbe-se, assim, a constituição de órgão destinado ao julgamento de questões *ex post facto*.

A existência de tribunais de exceção poderia fazer com que esses órgãos *casuísticos* fossem levados a prejulgar, ou a julgar sob forte influência de certas circunstâncias ou injunções políticas, religiosas, emocionais, étnicas, etc, ou seja, a decidir de maneira preconceituosa, de tal modo que o ideal de justiça cederia lugar ao espezinhamento de direitos, à retaliação, à afronta à dignidade das partes, notadamente, do réu. É oportuno observar não ser por acaso que a instituição de tribunais de exceção tem coincidido, historicamente, com o surgimento de regimes ditatoriais. Logo, fica evidente que a cláusula do juiz natural constitui traço característico dos Estados de Direito.

A mencionada cláusula, aliás, se completa com a do *juízo competente*, contida no inciso LIII do art. 5º da Constituição. Por uma questão metodológica, no entanto, separamos as duas cláusulas, a fim de as examinarmos, especificamente. Por ora, estamos a nos dedicar à do *juiz natural;* a do *juízo competente* será apreciada no próximo item (4.).

Para que a cláusula do juiz natural não ficasse gravemente comprometida pelas vicissitudes e injunções da realidade prática, a Constituição Federal concedeu aos juízes determinadas garantias indispensáveis ao pleno exercício das funções, como as da vitaliciedade, da inamovibilidade e da irredutibilidade de vencimentos (art. 95, incisos I a III). Em contrapartida, a LOMAN e o CPC lhe impuseram uma série de *deveres*, dentre os quais sobressai o de *imparcialidade* (CPC, art. 139, I).

Em resumo, o princípio do juiz natural é formado pelos seguintes elementos: a) preconstituição do órgão jurisdicional; b) competência do órgão; c) independência e imparcialidade dos juízes.

Juízo natural e *juízo especializado*, entrementes, são expressões inconfundíveis: enquanto aquela, como dissemos, espelha a garantia constitucional de que alguém somente poderá ser condenado por tribunal preconstituído, este indica a presença de órgãos jurisdicionais dotados de competência específica (em contraposição à competência comum), como é o caso da Justiça do Trabalho, da Justiça Eleitoral, da Justiça Militar. Essa especialização dos juízos derivou de certas conveniências sócio-políticas, que não se relacionam, necessariamente, com as bases do regime democrático. Assim estamos a asseverar porque, no tocante ao juízo natural, como procuramos demonstrar, há um estreito vínculo com a ordem democrática, se considerarmos que esse juízo representa um expressivo corolário do Estado de Direito, fora do qual, por isso, dificilmente sobreviveria.

Também não se pode confundir *tribunal de exceção* (que é vedado) com *prerrogativa de foro* (que é lícita). Esta prerrogativa ocorre quando a lei, levando em conta certo interesse público, define a competência do órgão jurisdicional segundo o foro. Dessarte, as ações de divórcio, separação, anulação de casamento e reconhecimento ou dissolução de união estável devem ser propostas no foro previsto no art. 53, I, alíneas "*a*" a "*c*", do CPC, porquanto dizem respeito a direito indisponível. De igual forma, na ação de alimentos a ação deve ser exercida no foro do domicílio ou da residência do alimentando (*ibidem*, II). Um outro exemplo de prerrogativa a ser referido é o do julgamento do Presidente da República pelo Senado Federal, não pelo Poder Judiciário, nos crimes de responsabilidade, conforme prevê o art. 52, I, da Constituição.

4. Juízo competente

Como o Estado é detentor do monopólio da jurisdição, poderia parecer lógica a conclusão de que seria facultado à parte exercer o direito de ação perante qualquer autoridade judiciária, pouco importando as pessoas envolvidas no conflito de interesses; a matéria que desse conteúdo às pretensões de direito material; a localidade em que o fato ocorreu etc.

Essa imaginária jurisdição inespecífica, ou "indiferente", por força da qual os juízes poderiam solucionar toda e qualquer lide que lhes fosse submetida à cognição, acarretaria, por suposto, inúmeros inconvenientes de ordem prática, a começar pela distribuição desproporcional da massa de ações (pois o autor preferiria ver a causa apreciada por juiz de sua predileção pessoal, por exemplo); pela dificuldade de os magistrados dominarem, de maneira satisfatória, todas as áreas do conhecimento jurídico (cultura enciclopédica), que hoje são extremamente vastas e complexas; pelo menosprezo às singularidades marcantes de cada espécie de lide etc. Pondo à frente esses fatos, o nosso sistema legal atribuiu distintas competências aos órgãos jurisdicionais, tendo em vista a matéria, as pessoas, o valor da causa, o território, a hierarquia e o mais. Por outras palavras, o legislador fixou a *quantidade* de jurisdição para cada órgão do Poder Judiciário. Deste modo, podemos dizer que a definição de uma competência em benefício de um juízo exclui, de forma automática, a competência de qualquer outro. Com efeito, não se admite, em princípio, a existência de mais de um juízo competente para apreciar a mesma causa. Tanto isto é exato, que se houver conflito *positivo* (para cogitarmos apenas deste) de competência, o Tribunal será chamado a declarar qual é o (único) juízo competente.

A única exceção à regra legal de que a competência se define, exclusivamente, com relação a um juízo decorre da competência em razão do território (*ratione loci*). Sucede que eventual incompetência, neste caso, por ser relativa, deverá ser alegada no momento oportuno, pelo interessado, mediante exceção (CLT, arts. 799 e 800), sob pena de a competência prorrogar-se (melhor: deslocar-se) em favor do juízo perante o qual o direito de ação foi exercido (CPC, art. 65, por analogia).

Tão relevante é a distribuição das competências que a Constituição Federal vigente declara (logo, assegura) que ninguém poderá ser processado "senão pela autoridade competente"(art. 5º, inciso LIII). Essa norma está a patentear não apenas que o julgamento por juízo competente constitui uma garantia constitucional do indivíduo, como a impossibilidade de o legislador ordinário interferir nesse terreno das competências, modificando-as. É elementar, contudo, que a regra estampada no art. 5º, LIII, da Constituição leva em conta as competências ditas *absolutas*, como se dá com as relativas à pessoa, à matéria, à hierarquia. Segue-se, que esse mandamento constitucional não será contravindo pelo fato de, eventualmente, a ação vir a ser exercida perante juízo incompetente em razão do *território*, pois a incompetência, no caso, é *relativa*.

Assim, no processo do trabalho, se a incompetência em razão do território não for alegada pelo réu, no momento oportuno, por meio de exceção, a consequência prática será o deslocamento da competência para o juízo que, em princípio, não a detinha. Esse deslocamento, porém, não ocorrerá se a incompetência for absoluta, porquanto esta pode ser alegada em qualquer tempo e grau de jurisdição, independentemente de exceção (CPC, art. 64, § 1º). Aliás, somente a incompetência *absoluta* pode ser declarada por iniciativa do juiz (*ex officio*). Demais, apenas a sentença proferida por juízo absolutamente incompetente pode ser rescindida (CPC, art. 966, II).

5. Igualdade de tratamento

A partir do momento – de extraordinária importância histórica – em que o Estado proibiu os indivíduos de realizar justiça por mãos próprias (autotutela), não só assumiu o compromisso ético e político de efetuar, de maneira rápida e satisfatória, a entrega da prestação jurisdicional, como de ministrar um tratamento rigorosamente *igualitário* às partes.

Em termos objetivos, estamos a dizer que um dos deveres do magistrado consiste em tratar igualmente os litigantes. Esse dever, conquanto esteja previsto no art. 139, inciso I, do CPC, decorre, na verdade, da regra geral inscrita no art. 5.°, *caput*, da Constituição, segundo a qual *todos são iguais perante a lei*, sem distinção de qualquer natureza. Essa regra de isonomia deve ser acatada, portanto, não apenas pelo legislador, mas pelo próprio magistrado.

A Declaração Universal dos Direitos do Homem, aprovada em Resolução da III Sessão Ordinária da Assembleia Geral da ONU, em Paris, 1948, estabelece, no art. 10, *verbis*:

> "Todo homem tem direito, *em plena igualdade*, a uma justa e pública audiência por parte de um tribunal independente e *imparcial*, para decidir os seus direitos e deveres ou do fundamento de qualquer acusação criminal contra ele" (destacamos).

A Convenção Americana sobre Direitos Humanos (Pacto de São José da Costa Rica), integrante do ordenamento jurídico brasileiro, em virtude do Decreto n. 678, de 6-11-92, por seu turno, dispõe, no art. 8.1:

> "toda pessoa tem direito a ser ouvida, com as devidas garantias e dentro de um prazo razoável, por um juiz ou tribunal competente, independente e *imparcial*, estabelecido anteriormente por lei, na apuração formal de qualquer acusação penal formulada contra ela, ou para que se determinem seus direitos ou obrigações de natureza civil, trabalhista, fiscal ou de qualquer outra natureza" (destacamos).

Seria, em verdade, intolerável a existência de juízes parciais, iníquos, tendenciosos, pois isso colocaria sob grave risco não só a respeitabilidade dos pronunciamentos jurisdicionais, mas a própria razão de ser do Poder Judiciário. Sob esse ângulo, chega a encerrar um certo vício pleonástico a expressão *juiz imparcial*, como se pudessem existir, institucionalmente, juízes parciais.

Quando se fala em imparcialidade judicial não se está unicamente a asseverar que o juiz deve propiciar iguais oportunidades às partes, e sim que, de modo mais amplo, a ele incumbe subministrar um tratamento isonômico aos litigantes em todas as fases do procedimento. A quebra, pelo magistrado, de seu ontológico e indeclinável dever de neutralidade, por traduzir uma forma de discriminação, poderá ensejar a nulidade do processo.

Seria de indagar-se, a esta altura de nossa exposição, se a prerrogativa que o CPC atribui ao Ministério Público, consistente no prazo em dobro para manifestar-se nos autos (art. 180) e, à Fazenda Pública, sob a forma de *reexame necessário* das decisões que lhe forem desfavoráveis (art. 496, I) não acarreta transgressão da norma constitucional que diz da igualdade de todos perante a lei. Certamente que não. O que o art. 5.°, *caput*, da Constituição proíbe é a distinção lesiva entre iguais, e não entre pessoas que se encontram vinculadas a situações ou a estados naturalmente distintos. Sob este aspecto, compreende-se que a finalidade dos arts. 180 e 496, I, do CPC, não foi estabelecer uma odiosa discriminação entre pessoas ou realizar um aviltamento da dignidade dos particulares em geral, senão que dar preeminência ao *interesse público*. Note-se, que a própria Constituição, em diversos momentos, atribui supremacia ao interesse público, em cotejo com o particular, como quando, por exemplo, determina que a execução por quantia certa contra a Fazenda Pública se realiza mediante precatório (art. 100, *caput*), exceto no caso de "pagamento de obrigações definidas em lei como de pequeno valor" (*ibidem*, § 3º).

Por outras palavras: a igualdade não deve ser estabelecida, de maneira exclusiva, sob o ponto de vista *formal*, de tal modo que não se possa ministrar nenhum tratamento diferenciado às pessoas em geral; essa igualdade deve ser determinada, isto sim, segundo o aspecto real, vale dizer, só se deve tratar com isonomia as pessoas *substancialmente* iguais.

Ainda que lançadas na vigência do CPC de 1973, as palavras de Cintra, Grinover e Dinamarco não perdem, em sua essência, a atualidade: "Fazenda e Ministério Público gozam da dilação de prazos prevista no art. 188 do Código de Processo Civil: as partes não litigam em igualdade de condições e o benefício de prazo se justifica, na medida necessária ao estabelecimento da verdadeira isonomia. A Fazenda, em virtude da complexidade dos serviços estatais e da necessidade de formalidades burocráticas; o Ministério Público, por causa do desaparelhamento e distância das fontes de informação e de provas. Outras prerrogativas, que se justificam pela idoneidade financeira e pelo interesse público, são a procrastinação do pagamento das despesas processuais (dispensa de preparo) e a concessão da medida cautelar independentemente de justificação prévia e de caução (CPC, arts. 27, 511 e 816, inc. I)" ("Teoria Geral do Processo", 21ª edição, S. Paulo: Malheiros Editores, 2005, pág. 56).

Também não são transgressoras do art. 5º, *caput*, da Constituição, as normas infraconstitucionais que atribuem a uma das partes superioridade jurídica para compensar a sua inferioridade econômica, a sua hipossuficiência. Essa é uma das características do processo do trabalho, no qual é visível o seu sentido protetivo do trabalhador. O art. 4º, inciso I, do Código de Defesa do Consumidor (Lei n. 8.078, de 11-9-90), por sua vez, efetua verdadeira e notável *declaração de princípio*, ao reconhecer, expressamente, a "*vulnerabilidade* do consumidor no mercado de consumo", permitindo, em razão disso, dentre outras coisas, que o juiz inverta o ônus da prova em benefício do consumidor, quando este for hipossuficiente (art. 6º, VIII). Destacamos.

A possibilidade prevista no art. 113, § 1º, do CPC, de o juiz reduzir o número de litisconsortes, quando este, por ser elevado, puder comprometera rápida solução do litígio, dificultar a defesa ou o cumprimento da sentença também pode ser referida como uma providência legal destinada a preservar a regra de igualdade, contida no art. 5º, *caput*, da Constituição. É que esse número expressivo de pessoas situadas num dos polos (ativo) da relação processual pode acarretar um *desequilíbrio* técnico no processo, em prejuízo do réu. É bem verdade que essa limitação subjetiva de litisconsortes só pode ser efetuada nos regimes do tipo *facultativo*, como deixa claro o próprio texto legal mencionado.

Pondo de lado essas situações extraordinárias, devemos dizer que mesmo no processo de execução, onde o credor tem preeminência jurídica, e o devedor, estado de sujeição, o juiz deve dispensar um tratamento igualitário às partes. Por outro modo de expressão: embora a execução se processe no interesse do exequente (CPC, art. 797), essa particularidade não autoriza o juiz a fazer tábua rasa dos arts. 5º, *caput*, da Constituição, e 125, I, do CPC. A superioridade axiológica (e ideológica) que o exequente ostenta em face do devedor é relevante, apenas, para revelar a finalidade do processo de execução, e não para justificar um tratamento discriminatório do devedor, no que respeita à prática de atos processuais destinados à promoção da defesa dos seus legítimos interesses.

6. Contraditório e ampla defesa

A Constituição de 1967, com a Emenda n. 1 de 1969, assegurava o contraditório, apenas, para o processo penal (art. 153, § 16), embora a doutrina do período entendesse que essa garantia era extensível aos processos civil e administrativo. Talvez por isso, a Constituição Federal de 1988 tenha se preocupado em assegurar, de maneira expressa, o contraditório e a ampla defesa "em processo judicial ou administrativo", conforme declara o inciso LV do art. 5º.

O princípio do contraditório significa a imposição legal de *audiência bilateral (audiatur et altera parte)*, ou seja, a necessidade de o juiz, caso tenha ouvido uma das partes, também ouvir a outra; traduz, enfim, de modo mais amplo, a imposição legal de dar-se conhecimento da ação (ao réu) e de todos os atos processuais às partes, e de assegurar-lhes a possibilidade de reagir juridicamente aos atos que lhes forem desfavoráveis. Resumindo: o contraditório consiste na "ciência bilateral dos atos contrariáveis", como se costuma dizer em doutrina. Esse princípio não deve, todavia, ser interpretado como uma exigência de que os litigantes se manifestem, efetivamente, acerca dos atos e termos do processo, e sim que lhes seja concedida a *oportunidade* para essa manifestação. Se, por exemplo, o réu for regularmente citado e deixar de responder à ação, tornar-se-á revel (o que se deverá verificar, apenas, é se ocorreu o efeito da revelia: CPC, art. 348), sem que isso implique violação ao princípio constitucional do contraditório: no caso, ele teve oportunidade para se defender, e a desperdiçou.

Se bem refletirmos, veremos que o princípio do contraditório está intimamente ligado com o da *igualdade de tratamento* (C.F., art. 5.°, *caput;* CPC, art. 125, I), pois a audiência bilateral a que nos referimos há pouco nada mais é do que uma emanação do dever imposto ao magistrado de dispensar um tratamento equânime, paritário, aos litigantes. Exatamente por isso é que, mesmo no processo do trabalho, onde as normas legais tendem à proteção do trabalhador, o princípio do contraditório deve ser observado à risca. Esse princípio, como parece estar evidente a esta altura, não tem um conteúdo *ideológico*, e sim *político*. Se fosse ideológico, justificaria a sua aplicação em benefício apenas de uma das partes, com a consequente desconsideração de um outro princípio, qual seja, o da *igualdade de tratamento*.

O contraditório, na verdade, figura como cláusula inerente ao Estado de Direito, segundo o qual os atos processuais devem ser praticados não somente com *transparência* (publicidade), mas com indispensável *ciência* das partes (bilateralidade).

A despeito disso, alguns estudiosos, sentiram-se à vontade para reduzir a área de incidência do princípio em exame ao terreno da *prova*. Essa restrição, porém, é injustificável, acima de tudo, porque a própria Constituição não a consagra. De outro lado, embora devamos reconhecer que o princípio do contraditório possa aflorar com mais intensidade no sítio das provas, não menos exato é que ele se manifesta, vivamente, em vários outros momentos do procedimento, como já dissemos. Basta lembrar a fase das alegações finais, de que trata o art. 364, do CPC: o princípio do contraditório exige que o juiz conceda a palavra a ambos os litigantes, em ordem sucessiva. O mesmo se diga quanto à sustentação oral, nos tribunais: haverá quebra desse princípio se se permitir que apenas uma das partes (estando ambas inscritas) assome à tribuna para realizá-la. No processo do trabalho, a oportunidade para a apresentação de razões finais está subordinada à regra da bilateralidade.

Por outro lado, também não se justifica limitar o contraditório ao processo *de conhecimento*. Por força da regra contida no art. 5º, inciso LV, da Constituição, esse princípio deve ser observado, de igual modo, nos processos *cautelar* e de *execução*. Essa nossa afirmação requer algumas considerações complementares. Em primeiro lugar, devemos reiterar a advertência, feita em linhas anteriores, de que o fato de, na execução, o credor possuir preeminência jurídica, e o devedor, estado de sujeição, não autoriza o juiz a deitar fora o princípio da *igualdade de tratamento*, inscrito no art. 5.°, *caput*, da Constituição. Por essa mesma razão, o princípio do contraditório (que se imbrica com o da igualdade de tratamento) deve ser aplicado no processo de execução. Em segundo, no processo cautelar, o fato de o juiz conceder a medida liminar sem audiência do réu (*inaudita altera parte*) não configura, como, às vezes se tem imaginado, uma transgressão ao princípio do contraditório. A concessão da cautela, sem o conhecimento do réu, é necessária justamente para evitar que ele, sendo citado, torne a medida ineficaz, vale dizer, frustre os objetivos desta. O contraditório será estabelecido mais tarde, quando ocorrer a citação. Trata-se, como se vê, de um contraditório *diferido*.

Considerando que o tema relativo à concessão, de modo geral, de providências jurisdicionais *inaudita altera parte* tem provocado certas controvérsias no âmbito da doutrina e da jurisprudência, no que toca a haver, nesse ato do juiz, violação, ou não, do princípio constitucional do contraditório, devemos ocupar-nos por mais algum tempo com ele. As medidas *liminares* são características não apenas das ações cautelares, mas também de várias outras, como as de mandado de segurança, as possessórias, a popular, a civil pública, a coletiva (CDC, art. 84, § 3.°). Em muitos desses casos, a medida é outorgada sem audiência do réu; isso não implica, todavia, ofensa ao princípio do contraditório, pelos seguintes motivos: a) está em jogo, nessas situações, muitas vezes, não apenas o interesse do autor, representado por uma situação de periclitância do seu direito, mas o próprio interesse público; b) a prévia citação do réu poderia tornar ineficaz a medida; c) a liminar pode ser impugnada por meio de recurso ou de mandado de segurança, conforme se trate de processo civil ou de processo do trabalho, respectivamente.; d) a liminar tem caráter provisório; e) a liminar pode ser revogada por ato do próprio juiz, a instância do interessado; f) há um contraditório diferido, ou seja, adiado, projetado para mais tarde.

Não ocorrerá, igualmente, ofensa ao princípio do contraditório quando, na ação monitória, o juiz ordenar, desde logo, a expedição de mandado (de pagamento ou de entrega de coisa), sem ouvir o réu (CPC, art. 701). Dá-se que o réu poderá oferecer embargos, no prazo de quinze dias (art. 702), ficando, com isso, atendido o princípio em exame.

No plano do processo penal, o contraditório é efetivo, real, motivo por que mesmo sendo o réu revel deverá existir defesa técnica, como exige o art. 261, do CPP, conjugado com o art. 497, V, do mesmo Código, que determina seja concedido defensor ao réu, quando o juiz o reputar indefeso. Nos processos civil, trabalhista e administrativo esse princípio, como foi dito, estará atendido com a simples concessão de *oportunidade* para que a parte seja ouvida.

Por fim, um escólio sobre a *ampla defesa,* à qual o *contraditório* serve. Assim dizemos porque o princípio do contraditório se destina a permitir que as partes promovam a ampla defesa dos seus direitos e interesses, no processo. Sob esse aspecto, não se pode negar que aquele está a serviço desta. Pois bem. O inciso LV do art. 5º da Constituição assegura o contraditório e a ampla defesa, com os meios e *recursos* inerentes a esta. Conforme veremos no momento oportuno, o vocábulo *recursos* não foi aí utilizado com o sentido técnico, que possui na terminologia processual, de meio de impugnação dos pronunciamentos jurisdicionais, e sim para expressar os instrumentos e providências de ordem geral, necessários para possibilitar a realização da ampla defesa (produção de provas, audiência a respeito dos fatos e termos do processo etc.). Com isso, estamos a dizer que o *duplo grau de jurisdição* não constitui garantia constitucional, mas tradição de nossas normas infraconstitucionais. Por esse motivo, dito princípio será apreciado mais adiante, na Subseção II.

7. Publicidade

Mais uma vez, torna-se perceptível a intimidade da relação que há entre o princípio da publicidade dos atos processuais e os regimes democráticos. Em sentido inverso, esse princípio é tanto mais coarctado quanto mais os regimes políticos manifestam tendência ditatorial.

O princípio da publicidade assegura uma *transparência* do processo, permitindo, dentre outras coisas, que o público em geral tenha acesso às salas de sessão dos órgãos jurisdicionais. O art. 368, do CPC, por exemplo, declara que as audiências serão públicas (ressalvadas as exceções legais). Em nome do princípio que estamos examinando, as pessoas podem requerer certidões de atos processuais em geral; tratando-se de processo que corra em segredo de justiça, diz o art. 189, par. único, do CPC, que o direito de consultar os autos do processo e de pedir certidões de seus atos é restrito às partes e aos seus procuradores (§ 1º); o terceiro que demonstrar interesse jurídico pode requerer ao juiz certidão do dispositivo da sentença, bem como de inventário e de patilha decorrentes de divórcio ou separação. Parece-nos, contudo, que essa disposição do CPC está em antagonismo com o art. 5.°, inciso XXXIV, letra "*b*", da Constituição, que assegura a todos a obtenção de certidões em repartições públicas, para defesa de direitos e esclarecimentos de situações de interesse pessoal. Sendo assim, pensamos que o juiz não possa indeferir o requerimento de certidão relativa *a qualquer ato processual*, formulado por terceiro, contanto que este demonstre a necessidade de obtê-la, para efeito de promover a defesa de um seu direito ou de obter esclarecimento de situação de foro pessoal.

Pode-se dizer que o princípio da publicidade visa a permitir ao povo fiscalizar a atuação dos juízes e de todos os sujeitos do processo. Convém rememorar que o devido processo legal constitui um instrumento democrático de solução de conflitos de interesses tutelados pela ordem jurídica. Os julgamentos secretos, felizmente, fazem parte do passado. A reação contra esses julgamentos esotéricos surgiu com a Revolução Francesa de 1789, que proclamou a publicidade dos atos processuais como garantia de independência, de imparcialidade e de responsabilidade da magistratura e, ao mesmo tempo, de justiça para os jurisdicionados.

A Declaração Universal dos Direitos do Homem, enunciada pela Organização das Nações Unidas em 1948, assegura o princípio *da publicidade popular* do processo (art. 10), que é de certa forma ampla, pois enseja ao povo acompanhar (logo, fiscalizar) a atuação dos juízes, mediante, *e. g.*, o comparecimento às sessões de audiência e de julgamento. Ao declarar que "*todos os julgamentos do Poder Judiciário serão públicos*" (destacamos), a Constituição Federal de 1988 revela haver perfilhado esse princípio fundamental (art. 93, inciso IX).

Existe, entretanto, no sistema do processo civil uma publicidade menos ampla (dita, por isso mesmo, restrita), que diz respeito às partes e seus procuradores e, eventualmente, a terceiros. O próprio texto constitucional indica os casos em que a lei poderá restringir a publicidade dos atos processuais: "Quando a *defesa da intimidade* ou o *interesse social* o exigirem" (art. 5º, LX; realçamos). Em tais situações, os atos processuais serão realizados em *segredo de justiça*. O art. 189, do CPC, define esses casos: a) quando o exigir o interesse público ou social; b) quando a causa disser respeito a casamento, separação de corpos, divórcio, separação, união estável, filiação, alimentos e guarda de crianças a adolescentes; c) em que constem dados protegidos pelo direito constitucional à intimidade; d) que versem sobre arbitragem (incisos I a IV, respectivamente).

Nestas hipóteses, a audiência será realizada com as portas da sala fechadas. O art. 189, do CPC, é aplicável, *mutatis mutandis*, no processo do trabalho.

Embora o processo civil haja consagrado o princípio da publicidade popular, pelo qual se consente que as pessoas em geral compareçam às salas de audiências ou de sessões dos órgãos jurisdicionais, seja para assistir a esses atos por mera curiosidade; para fiscalizar a atuação dos juízes, das partes, dos advogados ou do Ministério Público, isso não significa que tais espectadores possam *intervir* nos trabalhos que aí se desenvolvem, ou *perturbar* a boa ordem desses trabalhos, como: comunicando-se, por palavras ou gestos, com as partes, advogados e testemunhas; formulando críticas à atuação do juiz ou dos advogados; aplaudindo ou vaiando as declarações das partes ou das testemunhas; conversando em voz alta etc. Esse comportamento é atentatório à dignidade da Justiça e incompatível com o decoro que se exige de quem se encontra nas dependências das unidades judiciárias. Por isso, vindo qualquer pessoa a adotar atitudes dessa natureza, o juiz, no exercício do seu inerente *poder de polícia*, a advertirá para que se abstenha de fazê-lo, sob pena de ser retirada da sala de audiência ou de sessões (CPC, art. 360, inciso II; CLT, art. 816). Se houver necessidade, o juiz poderá requisitar força policial, a fim de que a sua ordem seja cumprida (CPC, *ibidem*, III).

De uns tempos até esta altura, aliás, tem sido frequente – e, sobretudo, perturbadora – a presença de telefones celulares nas salas de audiências ou de sessões, cujos aparelhos passam a receber chamadas durante a realização desses atos processuais. Pouco importa que sejam as partes, seus advogados ou terceiros que estejam a portar essa espécie de aparelho: ao juiz incumbirá solicitar que sejam desligados, sob pena de a pessoa ser retirada da sala de audiências, ou adotada outra providência que a situação esteja a exigir. Há situações, todavia, em que o advogado faz uso do celular, em audiência, apenas para consultar determinado aplicativo contendo legislação. Neste caso, o uso é tolerável.

Não se imagine, porém, que o magistrado, ao determinar que sejam retiradas da sala de audiência pessoas que estejam a perturbar os trabalhos estará, com isso, golpeando o princípio constitucional da publicidade. Ora, é elementar que esse princípio, embora seja extremamente necessário, pelas razões já apontadas, não autoriza que as pessoas se comportem de maneira inconveniente no recinto em que se realiza a audiência, ou mesmo em suas proximidades. É importante lembrar que o juiz tem o dever de manter a ordem e o decoro na audiência e de determinar que sejam retiradas da sala as pessoas que estiverem, de algum modo, perturbando os trabalhos. Afinal, conforme adverte o vetusto brocardo latino, *nemo turpitudinem potest* (ninguém pode ser beneficiar da própria torpeza).

Aliás, se o juiz, eventualmente, mandar que a porta da sala de audiências seja fechada, em decorrência de vozearia ou ruído intenso que esteja sendo produzido em sala contígua ou em corredor próximo, também não estará desacatando o princípio constitucional da publicidade dos atos processuais, senão que adotando uma providência indispensável para que a audiência possa ser realizada sem essas interferências sonoras externas e perturbadoras.

O princípio da publicidade também não significa que qualquer pessoa, seja jornalista ou não, possa filmar ou gravar em fitas magnéticas tudo o que se passa na audiência. Ocorre que isso poderá acarretar violação do direito à *intimidade* (e à preservação da *imagem*), de que são detentoras as pessoas em geral. Basta observar que a própria Constituição autoriza o afastamento ocasional do princípio da publicidade, quando isso for necessário para assegurar a *intimidade* da parte (art. 5.°, LV). Embora essa regra constitucional seja dirigida ao legislador, nada obsta a que o magistrado a adote, desde que fundamente o seu ato.

8. Licitude dos meios de prova

Estabelece o art. 5.°, inciso LVI, da Constituição: "São inadmissíveis, no processo, as provas obtidas por meios *ilícitos*" (destacamos). Aí está, portanto, o princípio constitucional da *liceidade* dos meios probantes. Em harmonia com essa regra superior, dispõe o art. 369 do CPC que "As partes têm o direito de empregar todos os meios legais, bem como os moralmente legítimos, ainda que não especificados neste Código, para provar a verdade dos fatos em que se funda o pedido ou a defesa e influir eficazmente na convicção do juiz". Sintetizando: para que a prova seja admitida em juízo, é necessário não apenas que o meio utilizado para produzi-la seja lícito e adequado, mas também moralmente legítimo. A entender-se que a Constituição somente veda os meios ilícitos, estar-se-ia concluindo, de maneira inaceitável, que seriam válidos os meios *moralmente ilegítimos*. Assim, o art. 369, do CPC, longe de estar em antagonismo com o inciso LVI do art. 5º da Constituição, complementa-o de maneira harmoniosa.

Como esclarece João Carlos Pestana de Aguiar, "o meio de prova moralmente legítimo é aquele não tipificado em lei, ou seja, sem exata adequação às hipóteses legalmente previstas. Seu limite repousa na legitimidade moral de sua formação. De outro modo valeria todo e qualquer meio, ainda que fossem utilizados os mais repulsivos processos para sua obtenção. Por isso o advérbio "moralmente", constante do art. 332, tem por escopo não só ultrapassar as lindes da tipificação legal, como restringir a área de sua ultrapassagem" ("A Crise da Privacidade e os Meios de Prova", RF, 252/69). A referência, agora, é ao art. 369, do CPC.

Pensamos, contudo, que o adjetivo *meio,* constante da redação do inciso LVI do art. 5º da Constituição não foi aí utilizado em seu significado técnico, e sim com sentido genérico. Expliquemo-nos. Do ponto de vista técnico, os *meios* de prova são documentos, confissões, declarações de testemunhas, laudos periciais etc. Como todos esses meios estão previstos em lei, são, à evidência, *lícitos*. O que o inciso LVI do art. 5º da Constituição pretendeu dizer, na verdade, é que seriam inadmissíveis as provas obtidas por *formas* ("meios") ilícitas. Não é inútil aproveitar a oportunidade para esclarecer que *prova*, em rigor, não é o mesmo que *meio de prova*. *Prova* é resultado; *meio* é a fonte, o instrumento de produção da prova.

Vem adquirindo certo prestígio na doutrina a opinião de que a ilegalidade do meio de prova decorre da violação de normas legais ou de princípios gerais de direito, sejam de natureza material ou processual. Assim, quando a proibição estiver contida em lei *processual*, a prova será *ilegítima*; quando, porém, o veto partir de uma lei *material*, a prova será *ilícita*. Coube a Pietro Nuvolone a precedência dessa opinião. Esse jurista italiano utilizou a expressão *prova vedada* para identificar a que é ilícita. Para ele, a prova seria *ilegal* quando houvesse violação do ordenamento jurídico como um todo, aí compreendidas as leis materiais e processuais e os princípios gerais de direito; e ilícita quando a sua proibição fosse material.

Há, todavia, generalizada controvérsia na doutrina e na jurisprudência acerca da legalidade, ou não, de certas formas de produção de provas, como é o caso típico das gravações em fita magnéticas de *conversações telefônicas*. Ocorre que a Constituição Federal, no inciso XII do art. 5.°, declara ser inviolável o sigilo das comunicações telefônicas, exceto mediante ordem judicial, nas hipóteses e na forma que a lei estabelecer, para fins de investigação *criminal* ou de instrução processual *penal*. Sob o rigor do texto constitucional citado, portanto, não se justifica a quebra do princípio da inviolabilidade das comunicações telefônicas para efeito de constituir prova nos processos *civil* e *trabalhista*. Procurando, todavia, dar uma interpretação menos rigorosa à regra constitucional mencionada, certo segmento da doutrina e da jurisprudência vem entendendo que a prova somente seria ilícita se a gravação fosse obtida por meio de *interceptação* de conversa telefônica. Não nos parece, contudo, que essa opinião seja sustentável em face da dicção inequívoca do art. 5.°, inciso XII, da Constituição, que não faz nenhuma distinção quanto a isso, e, ademais, como dissemos, restringe, de maneira expressa, as exceções à *investigação criminal* ou ao *processo penal*. Entendemos, por isso, que a gravação magnética (ou por qualquer outro meio técnico) de conversação telefônica não possa ser usada como prova nos processos civil e trabalhista, por ser transgressora na regra contida no inciso XII, do art. 5º da Constituição. Como as gravações dessa natureza soem ser realizadas de forma clandestina, vale dizer, sem o conhecimento da pessoa cuja voz está sendo registrada, haverá também, nesse ato, ofensa à intimidade ou à vida privada do indivíduo, e, em razão disso, violação do inciso X do mesmo dispositivo constitucional.

A respeito do assunto, o Supremo Tribunal Federal, havia decidido: "Inadmissibilidade, como prova, de laudos de degravação de conversa telefônica e de registros contidos na memória de microcomputador, obtidos por meios ilícitos (art. 5º, LVI, da CF); no primeiro caso, por se tratar de gravação realizada por um dos interlocutores, sem conhecimento do outro, havendo a degravação sido feita com inobservância do princípio do contraditório, e utilizada com violação à privacidade alheia (art. 5º X, da CF); e, no segundo caso, por estar-se diante de microcomputador que, além de ter sido apreendido com violação de domicílio, teve a memória nele contida sido degravada ao arrepio da garantia da inviolabilidade da intimidade das pessoas (art. 5º X e XI, da CF)". (Ac. do Pleno, por maioria, in: RF, 335/183). Posteriormente, o Excelso Pretório passou a admitir, como lícita, a gravação de conversa telefônica efetuada por um dos interlocutores.

O que, talvez, se possa admitir é a utilização, como *prova emprestada*, no processo civil, de gravação de conversa telefônica obtida regularmente em processo penal, desde que a parte, contra a qual a prova será utilizada, haja participado deste processo – e do consequente contraditório aqui realizado.

Obviamente, não se admite validade à prova obtida mediante constrangimento físico, intelectual, moral, econômico etc. Nem sempre, contudo, foi assim. Em determinados períodos obscuros da História, por exemplo, a *tortura* era método oficial de interrogatório do acusado, como revela o trecho do "Manual dos Inquisidores", elaborado por dois dominicanos, Nicolau Eymerich e Francisco Peña, o primeiro no séc. XIV e o segundo no séc. XVI, a seguir reproduzido:

> "E enquanto (a acusada de bruxaria) estiver sendo interrogada a respeito de cada um dos pontos, que seja submetida à tortura com a devida frequência, começando-se com os meios mais brandos; o Juiz não deve se apressar em usar os meios mais violentos. (...) Se após a devida sessão de tortura a acusada se recusar a confessar a verdade, caberá ao Juiz colocar diante dela outros aparelhos de tortura e dizer-lhe que terá de suportá-los se não confessar. Se então não for induzida pelo terror a confessar, a tortura deverá prosseguir no segundo ou no terceiro dia, mas não naquele mesmo momento, salvo se houver boas indicações de seu provável êxito. (...) Durante o intervalo, antes da sessão de tortura seguinte, o próprio Juiz ou outros homens honestos deverão tentar persuadi-la, por todos os meios que estiverem a seu alcance, para que confesse a verdade da forma que dissemos, dando-lhes, se lhes parecer conveniente, a promessa de que a sua vida será poupada. (...) caso contrário, que ordene aos oficiais que a amarrem com cordas e a coloquem em algum aparelho de tortura; então que o obedeçam de imediato, mas sem que demonstrem satisfação, antes mostrando-se aparentemente perturbados pela tarefa. Em seguida, que ela seja tirada dali à solicitação de algum dos presentes, e levada a um canto, para que seja persuadida novamente; ao persuadi-la, convém dizer-lhe que poderá escapar da pena de morte (da obra: "O Martelo das Feiticeiras", de Heinrich Kramer e James Sprenger, 12ª edição, Rio: Editora Rosa dos Tempos, 1997, pág. 433).

Ainda bem que, agora, os tempos são outros...

9. Fundamentação das decisões

Tradicionalmente, a exigência de que as decisões judiciais sejam fundamentadas é formulada por normas infraconstitucionais, como é o caso do art. 489, II, do CPC, e do art. 832, *caput*, da CLT. Igual imposição era encontrada nas Ordenações Filipinas (Livro III, Título LXVI, n. 7), no Regulamento Imperial n. 737, de 1850, e em diversos códigos estaduais de nosso País. Entrementes, considerando a extraordinária importância jurídica e política da motivação dos pronunciamentos jurisdicionais, essa exigência acabou sendo elevada, entre nós, à categoria de princípio constitucional. Com efeito, estabelece o art. 93, inciso IX, da Constituição em vigor, que todas as decisões judiciais (assim como as administrativas) serão fundamentadas, sob pena de nulidade. Deve ser dito, porém, que Constituições estrangeiras anteriores à nossa, de 1988, já haviam exigido fundamentação nas decisões judiciais, como as da Itália, da Bélgica, e de alguns de países da América Latina.

O princípio que estamos a examinar possui estreita ligação com os postulados essenciais dos regimes democráticos dos Estados de Direito, aos quais repugna a possibilidade de as pessoas serem submetidas a decisões judiciais *arbitrárias,* assim entendidas aquelas que refletem não o comando da lei, mas a vontade pessoal do magistrado, influenciada, quase sempre, por motivos de ordem política, religiosa, social, ética, econômica, corporativa, afetiva etc.

Por força do inciso X do mesmo artigo, também devem ser fundamentadas as decisões administrativas proferidas pelos tribunais.

Fundamentar a decisão significa, pois, a exigência de que o juiz indique as razões de fato e de direito, com base nas quais formou a sua convicção jurídica acerca dos fatos da causa. Como escreve Nelson Nery Junior, "A motivação da sentença pode ser analisada por vários aspectos, que vão desde a necessidade de comunicação judicial, até sua submissão, como ato processual, ao estado de direito e às garantias constitucionais estampadas no art. 5º, CF, trazendo consequentemente a exigência da imparcialidade do juiz, a publicidade das decisões judiciais, a legalidade da mesma decisão, passando pelo princípio constitucional da independência jurídica do magistrado, que pode decidir de acordo com sua livre convicção, desde que motive as razões de seu convencimento (*princípio do livre convencimento motivado*)" ("Princípios do Processo Civil na Constituição Federal", 3ª ed., São Paulo: Edit. Rev. dos Tribunais, 1996, págs. 169/170).

O § 1º, do art. 489, do CPC, não considera fundamentada qualquer decisão judicial (interlocutória, sentença, acórdão) que:

"I — se limitar à indicação, à reprodução ou à paráfrase de ato normativo, sem explicar sua relação com a causa ou a questão decidida;

II — empregar conceitos jurídicos indeterminados, sem explicar o motivo concreto de sua incidência no caso;

III — invocar motivos que se prestariam a justificar qualquer outra decisão;

IV — não enfrentar todos os argumentos deduzidos no processo capazes de, em tese, infirmar a conclusão adotada pelo julgador;

V — se limitar a invocar precedente ou enunciado de súmula, sem identificar seus fundamentos determinantes nem demonstrar que o caso sob julgamento se ajusta àqueles fundamentos;

VI — deixar de seguir enunciado de súmula, jurisprudência ou precedente invocado pela parte, sem demonstrar a existência de distinção no caso em julgamento ou a superação do entendimento".

Esse rigor da norma do processo civil é, absolutamente, incompatível com o processo do trabalho. A propósito, a CLT não é omissa sobre o tema da fundamentação das decisões, conforme demonstra o seu art. 832, *caput*.

A despeito disso, mesmo no processo do trabalho fórmulas adotadas pelos juízes, como: "Defiro nos termos da lei", ou "Indefiro por falta de previsão legal", muito em voga no passado, já não se justificam em face da regra constitucional específica e impositiva (art. 93, IX). Decisões como essas, por serem vagas, genéricas, são destituídas de fundamento jurídico, e, como tais, nulas.

Não será nula, contudo, a decisão que se fundar em Súmula – muito embora as Súmulas, de modo geral, não contenham a motivação do seu enunciado. Também inexistirá nulidade da decisão que se fundar, de forma exclusiva, em parecer exarado pelo Ministério Público, conquanto seja sempre conveniente que o juiz encontre argumentos próprios para decidir desta ou daquela maneira.

A revelia, por sua vez, não é pretexto para o juiz deixar de fundamentar a decisão condenatória do réu, embora seja aceitável que presuma verdadeiros os fatos narrados pelo autor, quando não houver, quanto a isso, nenhum obstáculo legal.

As decisões interlocutórias (CPC, art. 203, § 2º) não escapam à exigência do art. 93, inciso IX, da Constituição, motivo por que serão nulas se destituídas de fundamentação (CPC, art. 489, II), ainda que lacônica. Note-se que a referida norma constitucional impõe a existência de motivação em *todas as decisões* proferidas pelo Poder Judiciário, e não somente nas sentenças ou nos acórdãos.

Motivadas juridicamente devem ser também as *liminares* em geral (mandado de segurança, possessórias, cautelares, ação civil pública, ação direta de inconstitucionalidade etc.) e as sentenças proferidas no processo cautelar. A urgência na concessão daquelas não justifica a ausência de um mínimo de fundamentação da medida, do mesmo modo como a cognição sumária e o juízo de probabilidade, característicos do processo cautelar, não autorizam a emissão de sentença infundada.

Nos casos de extinção do processo sem resolução do mérito (CPC, art. 485), a sentença também deverá ser fundamentada, ainda que de forma concisa.

Cremos, todavia, que as sentenças meramente homologatórias não necessitam de fundamentação, mesmo que tenham como objeto transação. Na transação, em verdade, não há solução jurisdicional do conflito (portanto, impositiva), mas, consensual (logo, negociada); a transação constitui, assim, negócio jurídico realizado pelas partes, mediante concessões recíprocas e com a finalidade de dar fim ao litígio. Deverá ser fundamentada, porém, a sentença que se *recusar* a homologar a transação, porquanto se colocará em antagonismo com a vontade manifestada pelos transatores.

É evidente que haverá casos em que se ficará em dúvida sobre se a decisão não possui fundamento ou está fundamentada de modo extremamente lacônico: o fato se situará, então, naquelas zonas grises, tão comuns nos sítios jurídicos, onde predomina a incerteza, a hesitação da inteligência, a insegurança. A investigação prática a respeito deste assunto, embora seja algo tormentosa, é de grande relevância, pois se se concluir que a decisão não contém fundamento jurídico será nula.

De resto, se a fundamentação é de boa ou de má qualidade é algo que diz respeito exclusivo à valoração subjetiva das razões indicadas pelo juiz, é uma questão ligada, portanto, à axiologia das decisões, sem qualquer vinculação com o tema das nulidades.

10. Duração razoável do processo

Por força da Emenda n. 45/2004, foi acrescentado ao art. 5.°, da Constituição Federal, o inciso LXXVIII, conforme o qual "a todos, no âmbito judicial e administrativo, são assegurados a razoável duração do processo e os meios que garantam a celeridade da sua tramitação".

Essa norma constitucional enuncia, assim, o princípio a que a doutrina, com base no próprio texto, passou a denominar de "razoável duração do processo".

Na verdade, as expressões constitucionais "razoável duração do processo" e "celeridade da sua tramitação" não são muito harmoniosas entre si. Afinal, nem sempre a "duração razoável" conduzirá à celeridade, assim como esta nem sempre implicará aquela. Se o constituinte estivesse preocupado, apenas, com a celeridade na entrega da prestação jurisdicional, teria, por certo, feito uso, somente, da segunda expressão por nós colocada entre aspas.

Parece-nos, pois, que a melhor conclusão a extrair-se do preceito constitucional em foco é a de que conduza a uma equilíbrio entre as duas expressões, de tal arte que uma não sacrifique a outra. Assim dizemos porque, se é verdade que um dos grandes anseios institucionais reside na celeridade da tramitação dos processos judiciais, não menos correto é asseverar que essa celeridade autorizaria o espezinhamento de determinadas garantias processuais que a Constituição da República assegura aos litigantes, como as do contraditório, da ampla defesa, e do devido processo legal. Logo, pode-se entender como "duração razoável" da tramitação processual aquela que, sem desprezar o anseio de celeridade na entrega da prestação jurisdicional, permita às partes exercer os direitos processuais que a Constituição da República lhes outorga.

Em um Estado Democrático de Direito a rapidez na solução dos conflitos de interesses não pode estar dissociada do respeito a essas garantias. Não fosse assim, uma das formas mais eficientes de obter-se tal celeridade seria proibindo o exercício de qualquer defesa, pelo réu. O preço político a ser pago por essa celeridade, entrementes, seria altíssimo.

A razoabilidade na duração do processo, conquanto seja um princípio de ordem geral, haverá de ser estabelecida pelo magistrado em cada caso concreto, conforme as peculiaridades deste. Na Justiça do Trabalho, há processos que permitem uma tramitação efetivamente rápida, que, muitas vezes, nem sequer requererem instrução oral; outros, porém, exigem uma instrução aprofundada, exaustiva, envolvendo, inclusive, exames periciais.

Uma nota oportuna: em que pese ao fato de a celeridade processual ser um imperativo constitucional, ela tanto mais se justifica nos casos de direitos sob risco de lesão iminente, irreparável ou de difícil reparação, que necessitam de uma imediata proteção jurisdicional. Trata-se das denominadas tutelas de urgência, cujos instrumentos são as liminares e a antecipação dos efeitos da tutela.

Em linha com o art. 5º, LXXVIII, da Constituição Federal, o art. 4º do CPC dispõe: "As partes têm o direito de obter em prazo razoável a solução integral do mérito, incluída a atividade satisfativa".

A registrar-se, ainda, o fato de o art. 1.048, do CPC, dispor que "Terão prioridade de tramitação, em qualquer juízo ou tribunal, os procedimentos judiciais: I – em que figure como parte ou interessado pessoa com idade igual ou superior a 60 (sessenta) anos ou portadora de doença grave, assim compreendida qualquer das enumeradas no art. 6º, inciso XIV, da Lei n. 7.713, de 22 de dezembro de 1988; II – regulados pela Lei n. 8.069, de 13 de julho de 1990 (Estatuto da Criança e do Adolescente)".

Essa tramitação prioritária, como está claro no texto da lei, deve ser observada em todos os graus de jurisdição, sendo certo que ela subsistirá mesmo no caso de morte do beneficiado, estendendo-se em favor do cônjuge supérstite, companheiro ou companheira, em união estável" (CPC, art. 1.048, § 3º).

Deferida a prioridade, os autos receberão identificação própria que evidencie o regime de tramitação prioritária (CPC, art. 1.048, § 2º).

Resumo:

Princípios constitucionais do processo:

- Devido processo legal (art. 5º, LIV);
- Inafastabilidade da jurisdição (art. 5º, XXXV);
- Juiz natural (art. 5º, XXXVII);
- Juízo competente (art. 5º, LIII);

- Igualdade de tratamento (art. 5º, *caput*);
- Contraditório e ampla defesa (art. 5º, LV);
- Publicidade (arts. 5º, LX e 93, IX);
- Liceidade dos meios de prova (art. 5º, LVI);
- Fundamentação das decisões (art. 93, IX);
- Duração razoável do processo (art. 5º, LXXVIII).

Subseção II – Princípios infraconstitucionais

Consideração introdutória

Conforme havíamos asseverado na Subseção I, retro, a classificação dos princípios processuais em *constitucionais* e *infraconstitucionais* decorre, como está evidente, do fato de o princípio estar, ou não, previsto na Constituição da República. Os primeiros já foram examinados; apreciemos, agora, os segundos, vale dizer, aqueles que se encontram dispersos no texto do Código de Processo Civil e da CLT.

1. Demanda

Sabemos que a jurisdição consiste nesse poder-dever do Estado de dizer com quem está o direito disputado; sabemos, também, que a atividade jurisdicional constitui um monopólio estatal e que os indivíduos não podem realizar justiça por suas mãos, pois isso caracterizaria "exercício arbitrário das próprias razões" (Cód. Penal, art. 345).

A jurisdição, contudo, permanece em um ontológico *estado inercial*, sendo indispensável, para a sua ativação (ou atuação), a iniciativa do interessado. Daí, a regra peremptória contida no art. 2.°, do CPC: "*O processo civil começa por iniciativa da parte*" (destacamos), embora se desenvolva por impulso oficial. Aqui reside, pois, o princípio doutrinal da *demanda*, a impedir que o juiz preste a tutela jurisdicional por sua iniciativa (*ne procedat iudex ex officio*); logo, não pode haver processo sem autor (*nemo iudex sine actore).*

Seria preferível, todavia, identificar-se o princípio em exame como sendo da *inércia jurisdicional*, pois essa denominação soaria mais didática do que a acabou sendo consagrada pela doutrina (*demanda*). A propósito, o vocábulo *demanda* vem sendo utilizado na terminologia processual com sentido multiforme, ora significando ação, ora processo, ora lide etc. A linguagem peninsular, no entanto, cuidou de reservar a palavra *demanda* para significar o *ato* pelo qual o provimento jurisdicional é pleiteado, a fim de diferençá-lo da *ação*, que consiste no *poder* de invocar a prestação da tutela jurisdicional, com o objetivo de satisfazer uma pretensão. Essa separação é fundamental, não apenas sob o ponto de vista doutrinário, mas para os efeitos práticos, especialmente, no que respeita à exata interpretação de normas legais. Argumentemos com o art. 55, do CPC, que fala em "conexão de ações", quando a conexão aí, em rigor, é de *demandas*.

Pondo de parte essas questões terminológicas ou semânticas, devemos dizer que o veto legal à atuação *ex officio* do juiz é plenamente justificável, pois não seria conveniente à paz social, nem respeitadora do princípio da imparcialidade, que se permitisse ao magistrado sair por aí a instaurar e a fomentar lides, fazendo, até mesmo, com que as pessoas fossem obrigadas a litigar contra a própria vontade. Deste modo, se alguém sofrer alguma lesão de direito, ou encontrar-se na iminência de sofrê-la, deve, no prazo e forma legais, e na exata medida do seu *interesse* (CPC, art. 17), invocar a prestação da tutela jurisdicional do Estado, a fim de ver reparada a lesão ou afastada a ameaça. Pode-se afirmar que a necessidade de haver iniciativa do interessado decorre também do fato de estar em jogo, em tais situações, não um interesse público, mas um interesse essencialmente privado.

Há, todavia, exceções legais ao princípio da demanda ou da inércia jurisdicional. O art. 616 do CPC, por exemplo, atribui legitimidade (concorrente) para requerer o inventário e a partilha ao Ministério Público, havendo herdeiros incapazes (489), e à Fazenda Pública, quando possuir interesse (VIII).

O art. 739, do mesmo Código, por sua vez, estatui que nos casos em que a lei civil considerar jacente a herança, o juiz, em cuja comarca tiver domicílio o falecido, "procederá imediatamente à arrecadação dos respectivos bens". Na linha desse mesmo princípio, o art. 744 afirma que o juiz mandará arrecadar os bens do ausente, nomeando-lhe curador na forma prevista em lei.

Por outro lado, tendo sido regularmente invocada a tutela jurisdicional, presentes as condições da ação (CPC, art. 17), bem como os pressupostos legais de constituição e de desenvolvimento regulares da relação jurídica processual (CPC, art. 485, IV), o juiz não pode se eximir de prestá-la, pois nos tempos modernos já não se admite o *non liquet*, o *iurare sibi non liquere* (jurar que não lhe estava claro), imperante no Direito Romano antigo (período das *legis actiones*). Adverte, a propósito, o art. 126 do CPC, que "O juiz não se exime de decidir sob a alegação de lacuna ou obscuridade do ordenamento jurídico". No julgamento da lide, caber-lhe-á aplicar as normas legais; não as havendo, recorrerá à analogia, aos costumes e aos princípios gerais de direito. Inspirando-nos em Pontes de Miranda, poderíamos dizer que o juiz está condenando a decidir, sempre.

Defluem do princípio da *demanda* as proibições contidas nos arts. 141 e 492, do CPC. O primeiro afirma que o juiz deverá decidir o mérito nos limites em que foi proposto pelas partes, sendo-lhe defeso conhecer de questões não suscitadas, a cujo respeito a lei exige a iniciativa da parte; o segundo, que ao juiz é vedado proferir decisão de natureza diversa da pedida, assim como condenar o réu em quantidade superior ou em objeto diverso do que lhe foi demandado. Segue-se, que o juiz não pode proferir sentença *infra, ultra* ou *extra petita,* devendo ficar adstrito aos limites objetivos da lide (*princípio da adstrição à inicial*). A sentença, enfim, deve ser conforme o libelo (*sententia debet esse conformis libello).*

Do princípio da demanda decorre, naturalmente, a vinculação do juiz: a) aos *fatos* narrados pelas partes; b) aos correspondentes *pedidos* formulados.

a) Quanto aos *fatos*, algumas observações são necessárias. Em primeiro lugar, o juiz só pode examinar os fatos que hajam sido relatados nos autos; daí, a parêmia: *quod non est in actis non est in mundo* (o que não está nos autos não está no mundo). O universo do juiz, portanto, são os autos do processo. Ressalte-se, contudo, a regra estabelecida no art. 493, *caput*, do CPC, segundo a qual se, depois do ajuizamento da ação, algum fato constitutivo, modificativo ou extintivo do direito influir no julgamento do mérito, caberá ao juiz levá-lo em conta, *por sua iniciativa* ou a requerimento da parte, no momento de proferir a decisão. Em segundo, há certos fatos ou questões que, por serem de ordem pública, podem ser conhecidos *ex officio*, como no caso previsto nos art. 485, § 3.°, do CPC. Em terceiro, por princípio, cabe às partes narrar (fielmente, diga-se) os fatos e, ao juiz, realizar a categorização jurídica desses fatos, submetendo-os às normas legais incidentes: *da mihi factum, dabo tibi ius* (dá-me os fatos e dar-te-ei o direito). Trata-se, pois, da subsunção dos fatos às normas pertinentes.

b) Quando aos *pedidos*, no processo do trabalho se compreendem-se a correção monetária e os juros da mora. São, portanto, *pedidos implícitos*. O CPC contém norma expressa sobre o assunto, na qual estão inclusos os honorários advocatícios (art. 322, § 1º). A propósito, no plano do processo civil a jurisprudência tem entendido que podem ser considerados implícitos os pedidos de alimentos na ação de alimentos e na posse e guarda de filhos menores. Essa manifestação jurisprudencial merece encômios, pois se coloca em harmonia com a moderna concepção doutrinal de que se compreende no pedido tudo aquilo que dele naturalmente decorre. Por outros termos, pode-se afirmar que, sendo lógica a conclusão de que o menos se compreende no mais, nada obsta a que o juiz, rejeitando este, acolha aquele. O § 2º, do art. 322, do CPC, aliás, declara que "A interpretação do pedido considerará o conjunto da postulação e observará o princípio da boa-fé".

No processo civil são também implícitos os pedidos relativos a prestações periódicas (CPC, art. 323), a reembolso de despesas processuais que a parte vencedora antecipou (art. 82, § 3º) e os honorários de advogado (CPC, art. 85).

Com a inserção do art. 791-A, na CLT, pode-se concluir que os honorários de advogado, no processo do trabalho, também integram a categoria dos pedidos implícitos, significa dizer, daqueles que, embora não tendo sido formulados pela parte, o juiz os pode conceder, quando for o caso.

Ficou demonstrado que o juiz não pode agir *ex officio*. Essa proibição estampada no art. 2º do CPC, contudo, deve ser entendida em seus estritos termos: ao juiz somente é vedado, por sua iniciativa, dar início ao processo. Sendo, porém, a prestação da tutela jurisdicional regularmente invocada pela parte ou pelo interessado, o juiz terá a iniciativa do *impulso processual*). Esse impulso oficial, aliás, figura como um dos princípios do processo e será examinado no item seguinte.

2. Impulso oficial

Dispõe o art. 2º, do CPC, que o processo começa por iniciativa da parte *"e se desenvolve por impulso oficial"* (destacamos).

Está claro, portanto, que o processo somente poderá começar por iniciativa da parte ou do interessado (que, para isso, deverá possuir legitimidade e interesse e formular pedido juridicamente possível), embora se desenvolva por impulso do juiz. Isso significa afirmar que, regularmente provocado o exercício da função jurisdicional (retirada, pois, a jurisdição do seu ontológico estado inercial a que nos referimos há pouco), caberá ao juiz impulsionar o procedimento, mandando citar o réu, designando audiência, intimando as partes para esta ou aquela finalidade, ordenando a realização de diligências em geral – tudo isso, com o objetivo de preparar as condições tecnicamente necessárias para o proferimento da sentença de mérito, que constitui o acontecimento mais importante no universo processual, o seu ponto de culminância e de exaustão, por assim dizer.

Naturalmente, o juiz, no comando processual, deverá atender a determinados princípios constitucionais, dentre os quais sobressaem os da *igualdade de tratamento* e do *contraditório* e da *ampla defesa*, sob pena de ver comprometida a sua atuação, na qualidade de reitor e de impulsionador do processo.

O princípio do *impulso processual*, entretanto, não expressa a possibilidade de o juiz *substituir* as partes, no que atine a atos que deveriam ser por estas praticados, em decorrência dos interesses que defendem na causa e do correspondente ônus da prova, que lhes incumbe (CLT, art. 818). Na prática, nem sempre se revela com a desejável nitidez a linha que separa os casos em que o juiz está dando regular impulso ao processo daqueles em que estará, inadvertidamente ou não, em nome desse princípio, praticando ato que deveria ser realizado, com exclusividade, pela parte. A falta de uma exata percepção dessa linha fronteiriça, por parte do juiz, poderá fazer com que dê causa à nulidade do processo.

É imprescindível assinalar que o juiz figura como sujeito *desinteressado*, no processo. Quem possui efetivos *interesses* a defender em juízo são as partes, pois, como vimos, o interesse constitui uma das condições legais para o exercício do direito constitucional de ação (CPC, art. 17). Segue-se, que se o juiz, ao impulsionar o processo, invadir uma área de atuação que era restrita à parte, estará, com isso, afastando-se do seu indeclinável dever de neutralidade e ensejando a nulidade do processo. Na verdade, os únicos "interesses" que o juiz possa legitimamente manifestar no processo ficam circunscritos a uma atuação ética das partes e à rápida solução do conflito.

A propósito, o impulso *ex officio* está intimamente ligado ao pressuposto de que o Estado possui interesse em que o conflito seja solucionado o mais breve possível, de tal maneira que, em sentido oposto, eventual tardança na solução da lide contrariaria esse interesse estatal. Assim, sob essa perspectiva, se a legislação não permitisse ao juiz impulsionar de ofício o processo o que mais se veria, por certo, seria a demora na resolução do conflito. A moderna concepção publicista do processo repele, assim, o retorno aos sistemas vigorantes no passado, quando, vedada ao juiz a impulsão processual, o curso deste ficava na dependência da iniciativa das partes. O impulso *ex officio* já estava previsto no CPC de 1939, em cujo artigo 112 se lia: "O juiz dirigirá o processo por forma que assegure à causa andamento rápido, sem prejuízo da defesa dos interessados".

Não é suficiente, contudo, que o juiz impulsione o processo; é necessário que o faça dentro dos prazos previstos em lei. Tão importante é o dever de atendimento aos prazos legais, que o art. 93, inciso II, letra "e", da Constituição Federal (Emenda nº 45/2004), veda a promoção de magistrado que," injustificadamente, retiver autos em seu poder além do prazo legal (...)".

Em que pese ao fato de o art. 2º do CPC atual, haver mantido o princípio do impulso oficial, é elementar que não aboliu a possibilidade de os litigantes contribuírem, na medida de seus interesses, para a propulsão do processo, requerendo, por exemplo, a produção de provas ou a realização de diligências necessárias ao esclarecimento dos fatos ou ao descobrimento da verdade.

O juiz do trabalho detinha poderes para dar início à execução fundada em título judicial. Esse era um dos mais expressivos traços do processo do trabalho. Lamentavelmente, entretanto, a Lei n. 13.467/2017 deu nova redação ao art. 878, *caput*, da CLT, para limitar a iniciativa do juiz, no processo de execução, aos casos em que as partes não estejam representadas por advogados. Foi uma injustificável involução legislativa – que, entre outras coisas, conspirou contra o próprio princípio constitucional da celeridade na tramitação dos processos (art. 5º, LXXVIII).

3. Preclusão

O vocábulo *preclusão* é originário da forma latina *praeclusione* (*prae* = diante de + *cludere* = fechar, cerrar). Na terminologia jurídica passou a ser utilizado para expressar a perda do exercício de uma faculdade processual, em decorrência de certo fato atribuível à própria parte.

Giuseppe Chiovenda, inspirado em Von Büllow, formulou um conceito de preclusão, que se tornaria clássico. Para o insigne mestre italiano, a preclusão consiste na perda, extinção ou consumação de uma faculdade processual, que sofre a parte por se haverem tocado os extremos fixados pela norma legal para o exercício dessa faculdade processual. "Instituições de Direito Processual Civil", 2ª ed., São Paulo: Saraiva, 1942, vol. III, pág. 219).

A doutrina classifica a preclusão em: a) te*mporal*; b) *lógica;* c) *consumativa.*

a) *Preclusão temporal.* Sob o rigor vocabular, o adjetivo "temporal" foi mal utilizado para identificar essa espécie de preclusão. Assim dizemos porque, lexicalmente, *temporal* significa aquilo que é temporário; que é relativo ao mundo, profano; leigo, secular; grande tempestade; certos músculos ou ossos – e não aquilo que se refere ao *decurso do tempo*, conforme se vem entendendo. Em todo o caso, esse adjetivo caiu no gosto da doutrina e da jurisprudência, com o sentido que lhe emprestaram. Não perturbemos, pois, a tradição, embora soframos com ela, como diria a personagem de Graciliano Ramos, em "Vidas Secas".

A preclusão temporal significa a perda, para a parte, da faculdade de praticar determinado ato processual, em decorrência do esgotamento do prazo fixado em lei ou assinado pelo juiz. Afirma, a esse respeito, o art. 223, *caput*, do CPC: "Decorrido o prazo, extingue-se o direito de praticar ou de emendar o ato processual, independentemente de declaração judicial, ficando assegurado, porém, à parte provar que não o realizou por justa causa", esclarecendo, o § 1º dessa norma legal, que justa causa é o evento alheio à vontade da parte e que a impediu de praticar o ato por si ou por mandatário. Comprovada a justa causa, o juiz permitirá que a parte pratique o ato, no prazo que lhe fixar (§ 2º). O conceito de força maior material, formulado pelo art. 501, *caput*, da CLT, muito se aproxima do conceito de justa causa processual contido no art. 223, § 1º, do CPC.

Há uma justificativa política para essa modalidade de preclusão: como o vocábulo *processo* (do latim *processsus*) sugere a ideia de marchar avante, de seguir para frente (rumo à sentença de mérito, que é o ponto de atração magnética de todos os atos do procedimento), a preclusão temporal se destina a evitar o *retrocesso*, ou seja, o retorno a fases já ultrapassadas, já oclusas do procedimento, a sua involução, o que só faria retardar a entrega da prestação jurisdicional, a par de estimular a prática de atos procrastinatórios ou de premiar eventuais negligências ou velhacadas das partes.

Percebe-se, em razão disso, que a preclusão temporal está ligada diretamente a esse "seguir adiante", que é inerente à dinâmica do processo, como método estatal de solução de conflitos de interesses protegidos pela ordem jurídica.

b) *Preclusão lógica.* Caracteriza-se pela incompatibilidade do ato que se pretende realizar com o anteriormente praticado. Deste modo, se o autor renunciar ao direito em que se funda a ação (CPC, art. 487, III, "*c*"), não poderá, depois, solicitar que o juiz solucione o conflito. O mesmo se diga quando houver renunciado ao direito de recorrer (CPC, art. 999) ou aceitar, ainda que tacitamente, a sentença ou a decisão (CPC, art. 1.000) e vier a interpor recurso. É conveniente esclarecer que a lei considera aceitação tácita da sentença a prática, sem nenhuma reserva, de ato inconciliável com a intenção de recorrer (art. 1.000, parágrafo único).

Em todas essas situações, fica patente que o fundamento da preclusão em estudo é de ordem *lógica*; por isso, é a denominação que se lhe deu. Com efeito, se a parte pratica nos autos do processo determinado ato, e, mais tarde, deseja realizar ato que seja incompatível com o anterior, a sua intenção será obstada pela preclusão lógica. Isso corresponde a afirmar que a parte, na verdade, será vítima de suas próprias incoerências.

c) *Preclusão consumativa*. Configura-se pelo fato de ato que se pretende realizar já haver sido praticado. Note-se: enquanto na preclusão do tipo *lógica* o que se impede é a realização de ato *incompatível* com o anterior, na *consumativa* o que se busca evitar é que a parte *volte a praticar o ato*, seja para modificá-lo, seja para complementá-lo etc.

No processo civil, por exemplo, se o réu ofereceu contestação, não lhe será lícito, posteriormente, apresentar outra contestação em substituição à anterior, ou modificar a existente, mesmo que o prazo legal não se tenha esgotado, porquanto o seu direito de responder à ação se *consumou* e se exauriu no momento em que a contestação foi apresentada em juízo.

Tratando-se de processo do trabalho, todavia, pensamos que o princípio da preclusão consumativa deva receber um certo abrandamento. Se, digamos, o réu apresentou resposta *escrita* em audiência e, logo em seguida, na mesma audiência, sem que haja praticado qualquer outro ato processual, desejar complementar *oralmente* a resposta, a fim de nela inserir aquilo que havia omitido quando de sua redação, o juiz deverá permitir-lhe que o faça. Por mais forte razão, dever-se-á consentir que a parte realize esse aditamento ou complementação oral quanto pretender alegar matéria que o juiz poderia (e deveria) conhecer *ex officio* (inexistência ou nulidade de citação, incompetência absoluta, inépcia da petição inicial, perempção, litispendência, coisa julgada, conexão, continência, carência da ação etc.).

É importante não esquecer que, no processo do trabalho, a contestação escrita constituiu uma concessão da praxe judiciária, pois, nos termos inequívocos do art. 847 – ainda em vigor –, da CLT, a defesa deve ser formulada oralmente. Desse modo, nada obsta a que, no exemplo há pouco referido, o réu apresente resposta por escrito e, se for o caso, a complemente de maneira oral, na mesma audiência em que aquela foi apresentada.

Depois da contestação só será permitido apresentar novas alegações se: 1) forem relativas a direito superveniente; 2) competir ao juiz conhecer delas de ofício; 3) por expressa autorização legal puderem ser formuladas em qualquer tempo e juízo (CPC, art. 342, incisos I a III).

4. Oralidade

O princípio em foco, na verdade, não se resume a) ao predomínio da palavra oral, senão que abarca, também, b) a imediatidade do juiz; c) a identidade física do juiz; d) a concentração dos atos do procedimento; e) a irrecorribilidade das decisões interlocutórias.

a) *Predomínio da palavra oral*. Quando se fala em *oralidade* não se está a afirmar que todos os atos do procedimento e todas comunicações de vontade das partes, do juiz, do Ministério Público e de terceiros possam ou devam ser realizadas oralmente, ou seja, por forma não escrita. A oralidade significa, isto sim, o *predomínio* da palavra oral; esta, no entanto, deve ser documentada, mediante termo grafado, seja na escrivania ou na sala de audiência. Nunca é desútil recordar que as palavras voam e a escritas permanecem (*verba volant, scripta manent*).

Os processos civil e trabalhista de nosso País não possuem uma oralidade pura, e, sim, mista, em que, como dissemos, há somente a prevalência da expressão oral. O procedimento essencialmente oral encontrou no Código de Processo Civil de Hannover, de 1850, a sua consagração. Do ponto de vista legal, há oralidade no processo do trabalho na defesa (CLT, art. 847), nas razões finais (CLT, art. 850, *caput*), e nas sustentações orais, nos tribunais.

É, todavia, na *audiência* que o princípio da oralidade encontra o seu momento de culminância. Assim dizemos porque, nessa oportunidade, o interrogatório das partes, a inquirição das testemunhas, as perguntas (ou reperguntas, segundo a praxe) formuladas pelos advogados, assim como os requerimentos, as contraditas, os protestos, as razões finais etc. são efetuadas de maneira oral, sendo certo que o magistrado as aprecia pela mesma forma. Mais uma vez, devemos observar que todas essas manifestações orais constarão da ata, que constitui o instrumento formal de documentação dos principais episódios verificados em audiência.

No âmbito dos tribunais, a oralidade aflora no momento da sustentação oral da tribuna e nas intervenções dos advogados, destinadas a esclarecer equívoco ou dúvida surgida em relação aos fatos, documentos ou afirmações capazes de influenciar no julgamento e a replicar acusação ou censura que lhes tenham sido dirigidas na ocasião (Lei n. 8.906/94, art. 7º, inciso X).

A oralidade contribui para a celeridade do procedimento, ao passo que a forma escritural tende a retardá-lo, a torná-lo mais formal e, o que é pior, a incentivar o formalismo, que é uma deturpação da função social do processo.

b) *Imediatidade* do juiz. O princípio da imediatidade se entrelaça com o da *oralidade,* pois traduz a necessidade de o juiz estar em contato direto com as partes, designadamente, na audiência.

A audiência não representa, apenas, o momento mais espetacular do processo, aquele em que o princípio da *publicidade* se revela com maior nitidez (aos olhos de quem não é parte ou sujeito do processo). É nela em que, acima de tudo, se produzem as provas orais (interrogatório dos litigantes, inquirição de testemunhas). É também na audiência que o réu oferecerá resposta, que, embora devesse ser oral (CLT, art. 847), vem sendo apresentada – e aceita – por escrito.

Na audiência, ademais, o juiz encontrará condições efetivas de acompanhar a produção de provas, de fiscalizar a atuação das partes quanto a isso, cabendo-lhe interrogar os litigantes, as testemunhas, o perito, apreciar as perguntas que, por seu intermédio, forem formuladas pelos advogados, indeferindo-as quando lhe parecerem inoportunas, impertinentes, irrelevantes, capciosas, vexatórias e o mais, assegurando, contudo, à parte interessada o direito de vê-las reproduzidas na ata, desde que assim requeiram (CPC, art. 459, § 3º). Mais do que isso, o juiz poderá – olhos nos olhos – acompanhar e avaliar as reações psicológicas ou emocionais das partes e testemunhas às perguntas efetuadas, verificando se as respondem com segurança ou com hesitação, se tergiversam, se o fazem com serenidade ou com grande nervosismo etc. É nesse instante, enfim, que o juiz, mais do que um condutor de audiências, do que um interrogador, age como analista sutil e arguto do psiquismo humano – habilidade que as experiências da vida cuidam de acumular-lhe no espírito, aprimorando-lhe a técnica.

A *imediatidade* permite, ainda, ao juiz proceder à acareação da parte com a testemunha ou de uma testemunha com outra (CPC, art. 461, II), e, quando for o caso, indeferir, oralmente, diligências inúteis ou meramente proteladoras requeridas pelos litigantes (CPC, art. 370, parágrafo único), além, evidentemente, de tentar conduzi-los a uma solução consensual do litígio (CLT, arts. 846, 850, *caput*, 852-E), escopo fundamental da Justiça do Trabalho (CLT, art. 764).

c) *Identidade física do juiz*. Este princípio espelha a vinculação do juiz ao processo, notadamente, com a instrução que haja realizado.

No sistema do CPC de 1939, essa identidade era injustificadamente rígida, como demonstra o art. 120 daquele Código: "O juiz transferido, promovido ou aposentado concluirá o julgamento dos processos cuja instrução houver iniciado em audiência, salvo se o fundamento da aposentação houver sido a absoluta incapacidade física ou moral para o exercício do cargo. O juiz substituto, que houver funcionado na instrução do processo em audiência, será o competente para julgá-lo, ainda quando o efetivo tenha reassumido o exercício. Parágrafo único. Se, iniciada a instrução, o juiz falecer ou ficar, por moléstia, impossibilitado de julgar a causa, o substituto mandará repetir as provas produzidas oralmente, quando necessário".

A rigidez dessa identidade física do juiz com a causa, a cuja instrução oral houvesse dado início ou concluído, fundava-se na equivocada pressuposição de que, por haver coligido tais provas, somente o mesmo juiz estaria apto para apreciá-las e proferir a sentença. O fato é que essa regra acarretava enormes transtornos de ordem prática, pois os juízes que haviam realizado a instrução deveriam realizar o julgamento, ainda que *transferidos, promovidos* ou *aposentados* (!), sem se falar no juiz substituto, que, mesmo com o retorno do titular, deveria proferir a sentenças, no tocante às causas cuja instrução houvesse presidido. Tudo isso provocava, sem dúvida, um retardamento na solução do conflito, para desespero das partes, ou do autor, em especial.

Procurando mitigar o rigor desse sistema, o art. 132 do CPC de 1973 estatuía: "O juiz, titular ou substituto, que concluir a audiência julgará a lide, salvo se estiver convocado, licenciado, afastado por qualquer motivo, promovido ou aposentado, casos em que passará os autos ao seu sucessor". Dizia, ainda, o parágrafo único dessa norma: "o juiz que proferir a sentença" poderá mandar repetir as provas, se entender necessário. Um pequeno retoque nessa dicção legal: não se tratava aí de juiz que *proferir* a sentença, e sim de juiz que a iria proferir.

No âmbito da doutrina e da juisprudência do processo civil colhem-se as seguntes manifestações acerca do tema:

1) o fato de a audiência de instrução e julgamento haver sido presidida por juiz substituto, e a sentença proferida pelo juiz titular, não acarreta a nulidade do processo se não houver prejuízo para as partes (RT 614/162);

2) havendo permuta entre magistrados da mesma comarca, permanece a vinculação do juiz que encerrou a instrução (RJTJSP, 99/367);

3) não se aplica o art. 132 do CPC quando o juiz se limitou a formular proposta de conciliação sem dar início à instrução (RT, 628/155 e JTACivSP, 111/332);

4) é nula sentença proferida por desembargador em processo em que, como juiz de primeiro grau, concluíra a audiência de instrução (RTJ, 100/820 e 91/211);

5) o pressuposto para a aplicação do princípio da identidade física do juiz é a realização de prova oral em audiência, onde o magistrado tem participação ativa na tomada de dados que podem influenciar sua convicção. A sentença proferida por outro juiz, diverso daquele que presidiu a audiência, só acarreta nulidade se tiver havido colheita de prova oral naquela audiência (JTACivSP, 109/356);

6) a expressão "sucessor", contida no art. 132 do CPC de 1973, deve ser entendida com larga abrangência e não em sentido estrito. A norma não especifica que, com a promoção do juiz que preside o processo, a sentença somente será proferida por aquele que for colocado na vaga aberta por titularidade, sendo válida a sentença proferida por juiz substituto antes do preenchimento do cargo vago (JTJ, 141/39).

Nos termos das Súmulas ns. 222, do STF, e 136, do TST, o princípio da identidade física do juiz é inaplicável na Justiça do Trabalho. Dois fatos, basicamente, deram origem a esse entendimento: a) a, então, composição colegiada dos órgãos de primeiro grau – outrora denominados de Juntas de Conciliação e Julgamento; b) a necessidade de assegurar-se a celeridade na tramitação processual.

As Juntas de Conciliação e Julgamento, entretanto, foram extintas pela Emenda Constitucional n. 24/1999, sendo substituídas pelas Varas do Trabalho, órgãos monocráticos (CF, art. 112). Desapareceu, com isso, um dos argumentos que justificavam a inaplicabilidade, na Justiça do Trabalho, do princípio da identidade física do juiz.

O CPC de 2015 não contém regra a respeito do assunto. Teria sido, em razão disso, banido daquele sistema o princípio da identidade física do juiz?

Entendemos que não, exatamente por tratar-se de um *princípio*. É da natureza deste sobreviver à própria norma que o instituiu. Independentemente, contudo, da conclusão a que venham chegar a doutrina e a jurisprudência do processo civil estamos serenamente convencidos de que o processo do trabalho recepcionou, pela via tácita, o art. 132, do CPC, de 1973, de tal arte que, mesmo tendo esse Código sido revogado, o princípio instilado no seu art. 132 passou a integrar o processo do trabalho.

Esse princípio é, sobremaneira, importante em tema de embargos de declaração, pois somente o juiz que elaborou a decisão está em melhores condições para aclará-la (obscuridade), complementá-la (omissão) ou diz torná-la coerente (contradição). Se os embargos declaratórios forem julgados por outro juiz, haverá o risco de o resultado do julgamento não corresponder ao que o autor da decisão procurou dizer (obscuridade e contradição) ou diria (omissão).

d) *Concentração dos atos do procedimento*

A concentração dos atos do procedimento é medida que se destina, fundamentalmente, a atender à necessidade de rápida solução do conflito de interesses – anseio que jamais seria atingido se muitos dos atos processuais não pudessem, por exemplo, ser aglutinados numa só audiência (resposta do réu, proposta de conciliação, instrução oral, alegações finais etc.). Sob certo aspecto, essa concentração permite que se mantenha a carga de dramaticidade do processo, que seria fortemente diluída sem a possibilidade de os atos serem praticados muitos próximos uns dos outros, na mesma ocasião.

Aliás, o ideal é que a própria sentença seja proferida o mais perto possível dos fatos da causa, a fim de poder, de um lado, interpretá-los com a carga de dramaticidade que soem possuir (apanhando-os, portanto, em sua efervescência), e, de outro, realizar com brevidade a solução da lide.

A prática tem demonstrado que quando a sentença é emitida muito tempo depois de o autor haver ingressado em juízo, ou de haver sido efetuada a coleta da prova, o juiz tem diante de si uma realidade algo glacial, onde quase não há pulsação ou vida, motivo por que tende a realizar um julgamento insensível. Os próprios Tribunais, ao realizarem o julgamento de recursos, se ressentem dessa ausência de intimidade com a prova oral, pois são levados a apreciá-la e a valorá-la a partir de registros constantes das atas das audiências. Assim, ao contrário dos juízos de primeiro grau, que têm contato direto com os protagonistas do conflito de interesses, e, em razão disso, com os meios de prova, o tribunal se limita a apreciar meros relatos documentais dos fatos. Mesmo no caso de ação rescisória, a instrução oral, quando necessária, será realizada por juiz de primeiro grau, em virtude de carta de ordem (CPC, art. 972). Estas considerações estimulam-nos a ponderar que os tribunais, sempre que possível, deveriam prestigiar os pronunciamentos dos órgãos de primeiro grau de jurisdição, no terreno dos fatos.

O princípio da concentração dos atos do procedimento atende, por outro lado, à política de *economia processual*, que pode ser resumida no máximo de resultado prático com um mínimo de atividade jurisdicional.

e) *Irrecorribilidade das decisões interlocutórias*

O art. 162, § 2º, do CPC de 1973 definia a decisão interlocutória como o ato pelo qual o juiz, no curso do processo, resolvia questão incidente. Cuidava-se de uma definição extremamente *objetiva*. O CPC de 2015 preferiu elaborar essa definição pelo método da exclusão: todos os atos judiciais que não se ajustarem ao conceito de sentença são decisões interlocutórias (art. 203, 2º). Talvez, a definição traçada pelo CPC de 2015 possa ser considerada *pragmática*, uma vez que, em síntese, para esse Código toda decisão do juiz que não extinga o processo – com resolução do mérito ou sem resolução deste – é *interlocutória*. *Despacho* não é decisão.

O princípio da irrecorribilidade das decisões interlocutórias constitui uma das características do processo do trabalho, como patenteia o art. 893, § 1º, da CLT. Um retoque, entretanto, é necessário: não se cuida de irrecorribilidade *definitiva*, senão que de irrecorribilidade *imediata*, pois a decisão poderá ser impugnada mais tarde, quando da interposição do recurso à sentença. Trata-se, portanto, de uma recorribilidade *diferida*.

O procedimento, como vimos, constitui o conjunto de atos processuais (que se inicia pela petição do autor) tendentes a preparar a emissão da sentença de mérito, principal acontecimento do processo. Muitas vezes, porém, nesse percurso entre a petição inaugural e a sentença surgem diversos incidentes, que devem ser removidos pelo juiz, a fim de que o curso do procedimento seja desobstruído. São, justamente, esses atos "removedores" de empecilhos que tipificam as decisões interlocutórias.

A expressão "sentença interlocutória", que, às vezes, é utilizada por pessoas pouco afeitas ao rigor da terminologia processual, em lugar de *decisão interlocutória*, contém uma intransponível contradição nos próprios termos, pois a referida decisão é proferida *no curso do processo*, ao passo que sentença é o ato pelo qual o juiz *põe fim ao processo*, examinando, ou não, o mérito da causa (CPC, art. 203, § 1º).

Percebe-se, assim, que o legislador processual brasileiro não levou em conta a natureza do ato judicial, para classificá-lo como decisão interlocutória ou como sentença, mas a repercussão objetiva desse ato no processo: se tiver eficácia para extingui-lo, será sentença; se não, decisão interlocutória. Aliás, podemos mesmo afirmar que, do ponto de vista legal, se o ato do juiz não for sentença, nem despacho ordinatório ou de mero expediente, inclinar-se-á a ser reconhecido como decisão interlocutória.

A assertiva de que a *irrecorribilidade das decisões interlocutórias* representa uma emanação do princípio da *oralidade*, merece alguma reserva. Na verdade, as decisões dessa natureza podem ser objeto de recurso, em alguns casos, como, por exemplo, da decisão monocrática que não admite recurso. Conquanto a lei (CLT, art. 897, letra "*b*") aluda a esse ato judicial como *despacho*, cuida-se, na verdade, de *decisão de traço interlocutório*, da qual o próprio sistema oficial admite a interposição de agravo de instrumento (*ibidem*).

Há situações em que, vedada a possibilidade de interposição de recurso, por estar-se diante de decisão interlocutória será possível a impetração de mandado de segurança, como ocorre, por exemplo, no caso previsto pela Súmula n. 414, II, do TST: "No caso de a tutela provisória haver sido concedida ou indeferida antes da sentença, cabe mandado de segurança, em face da inexistência de recurso próprio".

5. Economia

Ao examinarmos o princípio da *concentração* (item 4., "*d*", retro), pudemos afirmar que ele visa a atender à política de *economia processual*, consistente em um máximo de resultado prático com um mínimo de atividade jurisdicional.

Devemos acrescentar agora que, em matéria processual, o conceito de *economia* é mais amplo do que o de *concentração*. Realmente, embora um e outro tenham como objetivo comum a rapidez na entrega da prestação jurisdicional, o princípio da *economia* não faz da aglutinação dos atos do procedimento a sua única estratégia para alcançar essa finalidade. Não será despropositado de nossa parte dizer que o princípio da *concentração* se compreende no da *economia*. Quando, digamos, os litigantes decidem fazer uso de prova emprestada, é evidente que essa atitude corresponde aos anseios gerais de *economia* dos atos do procedimento, sem que se possa ver aí uma *concentração* dos atos do procedimento.

Toda e qualquer providência adotada no processo, sem transgressão de regra de ordem pública ou de violação dos direitos dos litigantes, destinada a criar condições para que a prestação jurisdicional seja entregue em um mínimo de tempo possível, está autorizada pelo princípio da *economia*. Cumpre ao juiz, na qualidade de reitor soberano do processo (CLT, art. 765), não só adotar essas providências, como combater as atitudes das partes, que se coloquem eventualmente em oposição a esse imperativo de celeridade do procedimento. Um dos deveres do magistrado, não por acaso, é o de velar pela duração razoável do processo (CPC, art. 139, II), cabendo-lhe, por isso, indeferir as diligências inúteis ou meramente protelatórias (*ibidem*, III).

Conforme se nota, o princípio da *economia*, assim como o da *concentração*, estão umbilicalmente ligados ao ideal de *celeridade* do processo – que, por seu turno, se traduz na entrega da prestação jurisdicional no menor tempo possível, a fim de que esse ato estatal possa estar, cronologicamente, próximo dos fatos da causa e, com isso, apanhá-los em sua ebulição. Devemos reconhecer, no entanto, que a celeridade representa, nos dias de hoje, um sonho inatingível, a prevalecer a atual estrutura do procedimento, mormente, do ordinário.

A própria iniciativa do *impulso processual*, que a lei atribui ao magistrado (CPC, art. 2º), não deixa de atender aos anseios de celeridade processual, anseio que seria frustrado se se reduzisse o juiz a um mero "convidado de pedra" no processo.

Uma ponderação necessária: conquanto a celeridade processual constitua, verdadeiramente, um justificável anseio de todos os que invocam a prestação da tutela jurisdicional trabalhista, e da própria Justiça do Trabalho – e, acima de tudo, uma garantia constitucional: art. 5º, LXXVIII – essa celeridade, em um Estado Democrático de Direito, como é o caso da República Federativa do Brasil (CF, art. 1.°, *caput*), não pode ser obtida em detrimento de determinadas garantias que a Constituição Federal atribui às partes, no processo, em particular ao réu, com as do contraditório, da ampla defesa (art. 5.°, LV) e do devido processo legal (*ibidem*, LIV).

6. Lealdade

Assim como o magistrado, as partes (e os demais sujeitos do processo) estão adjungidas a determinados *deveres*, legalmente previstos, que orientam a sua atuação em juízo. Não se pode negar, portanto, a existência de uma *deontologia processual*.

Estabelecia o art. 14, II, do CPC de 1973, que os litigantes deveriam, dentre outras coisas, "proceder com lealdade e boa-fé". Na lição de Hélio Tornagui, "leal, do latim *legalis, e*, é aquele que no trato ou até no litígio com outrem observa as regras da lei moral, faz jogo limpo, sem ardis, sem enganos, sem fraude, sem astúcia. Para exprimir a lealdade o grego tem palavras que bem a definem: beleza e bondade (...). Leal é o que procede conforme a lei (...), conforme a justiça (...), com probidade (...). Proceder com lealdade é agir às claras, sem embustes, ciladas ou armadilhas. É o *fair dealing*, o *fair play*, a atuação franca, sem hipocrisia. É a honestidade na ação" (Comentários ao Código de Processo Civil, 2ª ed., S. Paulo: Revista dos Tribunais, vol. I, 1976, pág. 145). A boa-fé, por sua vez, indica o agir com franqueza, com boas intenções: é o *atuar sinceramente.*

O fato de o art. 77, do CPC de 2015, não haver reproduzido a regra do art. 14, do CPC de 1973, não significa que o dever de lealdade e boa-fé tenha sido anatematizado pelo Código atual. Afinal, o processo, como método ou técnica estatal de solução de conflitos de interesses, possui um conteúdo, acentuada e inalienavelmente, ético, que impõe às partes e a todos os que participam do processo um comportamento compatível com esse conteúdo, ou seja, dotado de lealdade e boa-fé. Seria inconcebível que o processo pudesse ser utilizado pelos litigantes com intenções desleais, desonestas, escusas, enfim, com o escopo de prejudicar o adversário, de fraudar a lei, de causar danos a terceiros ou de propiciar o sucesso de velhacadas do gênero.

É compreensível que o conflito de interesses e o contraditório constituam clima propício para a luta ardorosa, o embate de ideias e o mais. Essa particularidade, contudo, não autoriza as partes a se lançarem a uma porfia desenfreada, sem um mínimo de regras éticas, vinculativa de suas condutas. Por isso, a inegável necessidade de a lei disciplinar a conduta das partes no processo, impondo-lhes alguns deveres básicos, como, entre outros, os de expor os fatos de acordo com a verdade; não formular pretensões, nem alegar defesa, cientes de que são destituídas de fundamento jurídico; não produzir provas, nem praticar atos inúteis ou desnecessários à declaração ou defesa de direitos; cumprir com exatidão as decisões judiciais, de natureza provisória ou final, e não criar embaraços à sua efetivação CPC, art. 77, incisos I a V).

Com muita propriedade, aliás, Calamandrei comparou o processo a um jogo, em que a habilidade é permitida, mas a trapaça, não.

Em termos práticos, qualquer infração ao dever de lealdade e boa-fé tipifica um ilícito processual; essa transgressão, quando cometida por uma das partes, configura *litigância de má-fé*, sujeitando o infrator às sanções da lei.

O CPC, no art. 80 (incisos I a VII), considera *litigante de má-fé* aquele que:

a. deduz pretensão ou defesa contra texto expresso de lei ou fato incontroverso;
b. altera a verdade dos fatos;
c. usa do processo para conseguir objetivo ilegal;
d. opõe resistência injustificada ao andamento do processo;
e. procede de modo temerário em qualquer incidente ou ato do processo;
f. provoca incidentes manifestamente infundados;
g. interpõe recurso com intuito manifestamente protelatório.

Cabe assinalar que em caso de *lide temerária* o advogado será solidariamente responsável com seu cliente, desde que coligado com este para lesar a a parte contrária (*consilium fraudis*), conforme se apurar em ação própria, nos termos do art. 32, parágrafo único, da Lei n. 8.906, de 4-7-94.

Se a parte praticar quaisquer dos atos legalmente descritos como caracterizadores de litigância de má-fé (CPC, art. 80), o juiz ou tribunal, por sua iniciativa ou a requerimento, a condenará a pagar ao adversário multa superior a um por cento e inferior a dez por cento do valor corrigido da causa e a indenizá-lo dos prejuízos sofridos, mais honorários de advogado e todas as despesas que efetuou (CPC, art. 81).

Quando forem dois ou mais os litigantes de má-fé, o juiz condenará (inclusive de ofício) cada um na proporção do seu interesse na causa, ou solidariamente aqueles que se coligarem para lesar a parte contrária (art. 81, § 1º).

Se o valor da causa for irrisório ou inestimável, a multa poderá ser fixada em até dez vezes o valor do salário mínimo (§ 2º). O valor da indenização será fixado pelo juiz ou, caso não seja possível mensurá-lo, liquidado por arbitramento ou pelo procedimento comum, nos próprios autos (§ 3º).

7. Livre apreciação das provas

É conveniente lembrar, para logo, que o ônus da prova consiste nesse encargo que a lei atribui às partes, no tocante à demonstração da veracidade dos fatos narrados em juízo. Segundo a redação primitiva o art. 818, da CLT, o ônus das alegações incumbia a quem as fizesse. Sempre consideramos essa redação das mas talentosas, por sua maleabilidade. Sob certo aspecto, ela poderia conduzir à inferência de que o ônus da prova sempre seria do réu, quando este contestasse as alegações contidas na petição inicial. A Lei n. 13.467/2017, entrementes, deu nova redação a esse dispositivo da CLT. Houve, aqui, pastiche do art. 373, do CPC de 2015. Deste modo, também no processo do trabalho o encargo da prova passou a ser: a) do autor, quanto ao fato constitutivo do seu direito; b) do réu, quanto à existência de fato modificativo, impeditivo ou extintivo do direito do autor.

Por que motivo as partes devem produzir provas em juízo? Porque será com base nesta que o juiz formará o seu convencimento jurídico acerca dos fatos da causa. Daí, a extrema importância que a prova ostenta no processo. Já se disse, aliás, em feliz metáfora, que a prova é uma espécie de pedestal da sentença.

Com efeito, como o juiz não pode decidir com base em conhecimento *pessoal* dos fatos, é indispensável que as partes desenvolvam no processo uma atividade específica, destinada a reproduzir, nos autos, os fatos de que se originam as suas pretensões. À verdade que se forma nos autos se tem denominado de *formal*. A verdade formal pode coincidir, ou não, com a *real*, entendida esta como os fatos, tais quais acontecidos no mundo sensível. O ideal é que a verdade *formal* coincida com a *real*; nem sempre, contudo, isso ocorre, pelos mais variados motivos, especialmente em virtude de a parte não se haver desincumbido do *onus probandi* que lhe correspondia. Para o juiz, todavia, só há uma verdade: a que se estabeleceu nos autos (formal). Para ele, enfim, como afirmamos, o que não está nos autos não está no mundo (*quod non est in actis non est in mundo)*, ressalvados os casos de fato notório (CPC, art. 374, I) e as máximas de experiência (CPC, art. 375). Estabelece esta última norma legal mencionada que o juiz aplicará as regras da *experiência comum* (*máximas de experiência*) "subministradas pela observação do que ordinariamente acontece e, ainda, as regras da experiência técnica, ressalvado, quanto a esta, o exame pericial".

Em suma, de modo geral, o juiz deve julgar de acordo com aquilo que foi alegado e provado pelas partes (*iudex secundum allegata et probata partium iudicare debet).*

O princípio da *livre apreciação das provas* traduz a liberdade que o juiz possui, com vistas à apuração da verdade dos fatos, podendo, em função disso, mesmo *ex officio*, determinar as provas necessárias à instrução do processo (CPC, art. 370), o comparecimento das partes, a fim de interrogá-las em audiência (CPC, art. 139, VIII) etc.

Torna-se necessário observar que o juiz integrante dos modernos sistemas processuais, civil e trabalhista, ao contrário dos juízes do passado, não está condenado a assumir uma atitude eminentemente estática no processo, resignando-se a aguardar que as partes produzam as provas desejadas, para, depois disso, demovendo-se do seu imobilismo, efetuar a entrega da prestação jurisdicional. Ao magistrado dos tempos atuais, como vimos, a lei comete um expressivo conjunto de poderes diretivos do processo, dentre os quais se inclui o da determinação da realização de provas destinadas à instrução (CPC, art. 370). Ao juiz do trabalho, em especial, a norma legal atribui ampla liberdade na direção do processo (CLT, art. 765), malgrado se saiba que essa liberdade não possa cercear nem restringir as garantias que a lei ordinária e a Constituição da República concedem aos litigantes.

Em suma, a concepção publicista do processo e a exaltação do escopo social deste autorizam o juiz dos tempos modernos a demover-se daquela espécie de "*laissez faire, laissez passer*" (deixar fazer, deixar passar), que caracterizava a atitude do juiz antigo. Hoje, o princípio da *livre apreciação das provas* expressa essa possibilidade de o magistrado não só promover o impulso processual, como ordenar a produção de provas, bem como, de conhecer de certas questões que, outrora, só podia conhecer se houvesse provocação da parte interessada. É inevitável ponderar, entrementes, que o juiz, no exercício dessa sua potestade, não deverá ir além do razoável, a ponto de suprir eventual negligência da parte e, com isso, tornar-se tendencioso, suspeito, aos olhos do outro litigante. Dentro desse critério de recomendável prudência, o juiz poderá tomar a iniciativa da prova – sem receio de ser acusado de parcialidade – quando, por exemplo, puder invocar relevantes motivos de ordem pública, ou encontrar-se diante de provas divididas.

O princípio da *livre apreciação das provas* autoriza o juiz, por outro lado, em alguns casos, a converter o julgamento em diligência, a fim de dirimir eventual dúvida decorrente da apreciação das provas produzidas pelas partes, do mesmo modo como poderá ordenar a realização de nova perícia, quando a primeira não lhe parecer satisfatória (CPC, art. 480). Nem se omita a possibilidade de ele voltar a interrogar as partes e as testemunhas, quando isso lhe parecer indispensável para a formação do seu convencimento jurídico acerca dos fatos da causa, e, ainda, de tomar a iniciativa de inspecionar pessoas ou coisas, em qualquer fase do procedimento, com a finalidade de se esclarecer acerca de fato, que interesse à solução da causa (CPC, art. 481).

É razoável presumir que, a esta altura, algum leitor arguto poderia indagar por que motivo estamos a falar de princípio da *livre apreciação das provas,* se o art. 371, do CPC de 2015, suprimiu o advérbio *livremente,* que constava da redação do art. 131, do CPC de 1973. Hoje, dir-se-ia, a lei autoriza o juiz, somente, a *apreciar a prova constante dos autos.* Realmente, houve essa supressão, fato que se poderá colocar em dúvida a continuidade do uso da expressão *livre apreciação da prova,* nos domínios do processo civil. No processo do trabalho, contudo, essa utilização está autorizada pela conjugação do art. 371, do CPC, com o art. 765, da CLT, que atribui ao juiz do trabalho *ampla liberdade* na direção do processo.

Merece ser reproduzida, nesta altura, a percuciente observação feita por Cintra, Grinover e Dinamarco: "No processo penal, sempre predominou o sistema de livre investigação das provas. Mesmo quando, no processo civil, se confiava exclusivamente no interesse das partes para o descobrimento da verdade, tal critério não poderia ser seguido nos casos em que o interesse público limitasse, ou excluísse a autonomia privada. (...) Conclui-se, pois, que o processo civil, hoje, não é mais eminentemente dispositivo, como o era outrora; e o processo penal, por sua vez, transformando-se de inquisitivo em acusatório, não deixou completamente à margem uma parcela de dispositividade das provas. Impera, portanto, tanto no campo processual penal como no campo processual civil, o princípio da livre investigação das provas, embora com doses maiores de dispositividade no processo civil" ("Teoria Geral do Processo", págs. 65/66).

8. Persuasão racional

Tão importante quanto a *livre apreciação* de que cuidamos no item pretérito é a *valoração* da prova produzida.

A esse respeito, cumpre-nos recordar que os ordenamentos processuais registram, ao longo do tempo, a existência de três sistemas, a saber: a) da prova legal; b) do livre convencimento; c) da persuasão racional.

a) *Prova legal*. Teve raízes nas *ordálias* ou nos *juízos de Deus*. Essas práticas execrandas consistiam em submeter o indivíduo a uma certa prova, imaginando-se que Deus não o deixaria sair com vida, ou sem algum sinal evidente, na hipótese de falsear a verdade. Esses meios de prova eram as bebidas acres; o fogo; a água fervente; as serpentes, a cruz etc.

Nesse período, a liberdade do juiz no campo da valoração da prova era nenhuma, pois o valor da prova era previamente tarifado. Assim, o depoimento de uma testemunha de nada valia (*testis unus, testis nullus*), ao passo que o depoimento de duas testemunhas fidedignas (*testis classi*) constituía prova plena (*plena probatio*). Uma só testemunha fidedigna tinha o valor de meia prova (*semiplena probatio*); um testemunho duvidoso (*testis suspectus*) valia menos do que meia prova, e assim por diante.

Está claro, portanto, que nesse sistema obsoleto a função do juiz, no campo da valoração da prova, ficava reduzida à de um simples contador: competia-lhe, apenas, verificar a quantidade de testemunhas fidedignas, duvidosas e o mais, e decidir de acordo com o resultado numérico obtido. Conforme destacam Cintra, Grinover e Dinamarco, no referido sistema (amplamente utilizado no direito romano-canônico), era constituído por um conjunto de regras aritméticas e por uma complicada doutrina baseada num sistema de presunções, "na tentativa da lógica escolástica de resolver tudo *a priori*" ("Teoria Geral do Processo", 14ª edição, S. Paulo: Malheiros Editores, 1998, pág. 66).

b) *Livre convencimento*. Surgiu como uma espécie de reação ao *da prova legal*. Oriundo do Direito Romano, foi amplamente utilizado pelos povos germânicos. Intensificou-se sob a luz da Revolução Francesa de 1789. Um decreto da Assembleia Constituinte, de setembro de 1791, dispunha, por exemplo, que os jurados poderiam decidir segundo a sua consciência e sua íntima convicção ("*suivant votre conscience et votre intime conviccion*"). Por esse motivo, o princípio em estudo ficou também conhecido como da íntima convicção.

Todavia, enquanto o sistema *da prova legal* pecava da falta de liberdade do magistrado no terreno da valoração da prova, o do *livre convencimento* pecava pelo oposto: o excesso de liberdade. Tornou-se antológica do período, a propósito, a figura do "bom" juiz Magnaud, que na qualidade de presidente do tribunal de primeiro grau de Château -Thierry, de 1889 a 1904, valendo-se da faculdade que o sistema vigente lhe concedia, manifestava-se extremamente piedoso para com os fracos, os pobres, os oprimidos, e, com a mesma intensidade, enérgico, intransigente, quanto aos fortes, às classes dominantes.

Na precisa anotação de Carlos Maximiliano, nas mãos do Juiz Magnaud "a lei variava segundo a classe, mentalidade religiosa ou inclinações políticas das pessoas submetidas à sua jurisdição" ("Hermenêutica e Aplicação do Direito", 8ª edição, S. Paulo: Livraria Freitas Bastos, 1965, pág. 95).

Esse juiz, na verdade, era parcial, tendencioso, sendo certo que o adjetivo "bom", que se pespegou ao seu nome, lhe foi concedido por todos aqueles a quem beneficiou mediante decisões puramente subjetivas e arbitrárias. Por certo, se aos vencidos fosse permitido escrever a História, hoje estaríamos a aludir ao "mau" juiz Magnaud. O juiz, todavia, não deve ser bom nem mal: deve ser neutro e justo.

c) Persuasão racional. Este princípio representa uma síntese dos anteriores, se considerarmos o método dialético da tese (prova legal), antítese (livre convencimento) e da síntese (persuasão racional).

Surgiu com os códigos napoleônicos e foi incorporado por diversos textos modernos, como o CPC brasileiro de 1973. Efetivamente, dispunha o art. 131 desse diploma de processo civil que o juiz poderá apreciar *livremente* a prova, atendendo aos fatos e circunstâncias dos autos, desde que indicasse os *motivos* que lhe formarem o convencimento. Os vocábulos que destacamos representam a essência desse princípio, que ainda persiste no processo do trabalho, em decorrência da conjugação do art. 371, do CPC de 2015, com o art. 765, da CLT. O juiz do trabalho possui, portanto, ampla liberdade para formar a sua convicção jurídica acerca dos fatos da causa, desde que o faça com fulcro na prova dos autos. Podemos dizer, inspirados no magistral Eduardo Couture, que o juiz, em sede de valoração da prova, tem uma liberdade semelhante à do prisioneiro: pode ir aonde quiser, desde que dentro dos limites da cela. A cela, na metáfora, é a prova dos autos.

Justamente porque assim o é, fica evidente que o juiz dos tempos modernos não precisa *contar* as testemunhas, cumprindo-lhe, isto sim, *pesá-las*. Por outra forma de expressão: não deve levar em conta o número de testemunhas, e sim a *qualidade dos testemunhos*. Sob essa atual perspectiva axiológica, não deve causar sobressalto a ninguém o fato de vir a ser vencedora na causa a parte que levou, digamos, duas testemunhas, em confronto com a que levou três ou mais (CLT, art. 821): tudo dependerá da *qualidade do testemunho*, como alertamos.

É de ser ressaltado, ainda, que já não há lugar, nos tempos de hoje, para o preceito de origem bíblica, que se tornou axiomático no obscuro período da prova legal, segundo o qual uma só testemunha nada prova *(testis unus, testis nullus).*

Em nome de certas regras didáticas, aliás, o princípio da *persuasão racional* deveria ser denominado de *livre convencimento motivado*, pois esse título seria muito mais apropriado para revelar o conteúdo a que se refere.

Ao juiz do trabalho, conseguintemente, o sistema processual vigente em nosso País atribui ampla liberdade na apreciação das provas, com o objetivo de formar o seu convencimento jurídico a respeito dos fatos da causa. Note-se: a liberdade que a lei confere ao magistrado é concernente à *valoração* da prova, e não para formar a sua convicção com menosprezo à prova produzida nos autos, o que corresponde a afirmar: de maneira arbitrária. É evidente que se, em determinado caso, se tratar de *fato notório* (CPC, art. 374, I), o juiz não necessitará fundar o seu convencimento na prova, senão que invocar a notoriedade do fato e decidir com base nela. O mesmo se diga, *mutatis mutandis*, quanto às *máximas de experiências*, que dão conteúdo ao art. 375, do CPC: nesta hipótese, o juiz, inexistindo prova nos autos, estará autorizado a decidir com fundamento na sua observação acerca daquilo que ordinariamente acontece, ou seja, valendo-se da experiência comum. O que não lhe é dado é decidir segundo o seu conhecimento *particular* do fato; se o fizer, estará transgredindo o seu dever legal de imparcialidade; estará deixando de ser juiz para converter-se em testemunha de uma das partes. Tolera-se o uso da cognição particular do fato, pelo magistrado, quando muito, para efeito de orientá-lo na coleta da prova oral.

9. Duplo grau de jurisdição

O reexame dos pronunciamentos jurisdicionais é algo quase tão antigo quanto o direito dos povos; previram-no, dentre outras legislações priscas, a babilônica, a hebraica, a egípcia, a islâmica, a grega, a romana, a canônica.

1. Dos recursos se ocuparam, igualmente, as Ordenações reinóis portuguesas, os diversos códigos estaduais brasileiros e o CPC de 1939. No CPC de 1973 a matéria estava regulada nos arts. 496 a 565. No CPC de 2015, está nos arts. 994 a 1.044. Foi, contudo, por força de um decreto francês de 1º de maio de 1790 que se firmou, no plano do moderno direito processual, o princípio do *duplo grau de jurisdição* (dispunha o aludido decreto: "Haverá dois graus de jurisdição, em matéria civil, salvo as exceções particulares").

No processo civil, o princípio em foco se manifesta, por excelência, mediante o recurso de apelação (CPC, art. 513); no do trabalho, pelo recurso ordinário (CLT, art. 895)

O princípio do duplo grau de jurisdição significa a possibilidade de as partes submeterem a matéria decidida por um juízo à reapreciação de outro, em regra, hierarquicamente superior. Enquanto a sentença proferida contra os interesses de particulares só se sujeitará ao duplo grau de jurisdição se estes desejarem (interpuserem recurso), a sentença proferida contra a União, os Estados, o Distrito Federal, os Municípios as autarquias ou fundações de direito público federais, estaduais ou municipais que não explorem atividade econômica (Dec.-Lei n. 779/69; CPC, art. 496) ou a que julgar "improcedente", no todo ou em parte, os embargos à execução fiscal (CPC, *ibidem*) somente passará em julgado se for submetida, *ex officio*, ao duplo grau de jurisdição. Isso quer dizer que mesmo não havendo recurso, pela parte interessada, o juiz deverá remeter os autos ao tribunal, para efeito de reexame necessário; se não o fizer, o presidente do tribunal poderá avocar os autos. Na esteira do art. 496, do CPC, estatui a Súmula n. 423, do SFT: "Não transita em julgado a sentença por haver omitido o recurso *ex officio*, que se considera interposto *ex lege*. Em rigor, não há "recurso"(*sic*) de ofício, e sim *remessa* de ofício, para reexame necessário, pois seria desarrazoado imaginar que o juiz devesse recorrer da própria decisão, ou seja, que o criador estivesse legalmente compelido a voltar-se contra a criatura...

O *duplo grau de jurisdição*, entretanto, não constitui garantia constitucional, como se chegou a imaginar. O equívoco dos que assim sustentaram decorreu de uma interpretação distorcida do inciso LV, do art. 5.°, da Constituição Federal. Dispõe essa norma, *verbis*: "aos litigantes, em processo judicial ou administrativo, e aos acusados em geral são assegurados o contraditório e a ampla defesa, com os meios e *recursos* a ela inerentes" (destacamos). O constituinte, porém, não pretendeu utilizar o vocábulo *recursos* no sentido técnico que possui na terminologia processual, ou seja, como significante de meio de impugnação dos pronunciamentos jurisdicionais, e sim com o senso de *medidas* necessárias a tornar possível a realização da *ampla defesa*, expressão a que esse vocábulo está gramaticalmente subordinado, na frase. Deve ser dito, ainda que, a expressão "meios e recursos", com pequenas variações literais, vem sendo utilizada desde a Constituição de 1891 (art. 72, § 16), não representando, portanto, nenhuma novidade trazida pelo Texto de 1988. O único hiato que se verificou, a esse respeito, na cronologia de nossas Constituições, se deu na Carta de 1937.

O duplo grau de jurisdição continua a fazer parte, consequentemente, de nossa tradição infraconstitucional, pois não foi introduzido no elenco dos direitos e garantias constitucionais dos indivíduos e das coletividades. Em termos concretos, isso equivale a dizer que se o legislador ordinário, por algum motivo, restringir ou eliminar o direito de interposição de recurso de determinadas decisões judiciais não estará, com isso, produzindo ato contrário à Constituição da

República. Corolário disso é a Lei n. 5.584/70, cujo art. 2.°, § 4.°, veda a interposição de recurso das sentenças proferidas nas causas de valor não excedente a duas vezes o do salário mínimo – exceto se envolver matéria constitucional, hipótese em que caberá recuso extraordinário direto ao STF (CF, art. 102, III, *caput).* A observar-se que o art. 2.°, § 4.°, da Lei n. 5.584/70 foi recepcionado pela Constituição Federal de 1988 (TST, Súmula n. 356).

É evidente que há argumentos favoráveis e desfavoráveis ao duplo grau de jurisdição. Relativamente aos primeiros, costuma-se dizer que os recursos são necessários para corrigir eventuais falhas do julgador originário; aos segundos, que retardam a formação da coisa julgada material e que, não raro, uma boa sentença pode ser substituída por um mau acórdão, pois julgar por último não significa julgar melhor (Ulpiano). Todos esses argumentos são, sem dúvida, ponderáveis. Pensamos, no entanto, que entre *suprimir* a possibilidade do uso de recursos (notadamente o ordinário) e *mantê-la,* a opção deve ser por esta última, conquanto devam ser limitados, por lei, os casos que autorizam a interposição de certos recursos, evitando, assim, a forma abusiva com que essa faculdade processual vem sendo utilizada nos dias atuais. As penalidades de natureza pecuniária, previstas no art. 18, do CPC, não nos parecem suficientes para isso. A supressão, pura e simples, dos recursos, poderia fazer com que decisões injustas ou ilegais se submetessem ao fenômeno da coisa julgada material, sem que, muitas vezes, pudessem ser desconstituídas por meio de ação rescisória, por falta de previsão legal (CPC, art. 485). Nesta hipótese, a coisa julgada, longe de constituir um fator de pacificação das relações jurídicas, poderia representar um perigoso elemento de latência ou de recalque de conflitos mal solucionados, com danosas consequências sociais. Essa é a razão pela qual entendemos que embora deva ser preservado o princípio do duplo grau de jurisdição, há necessidade de serem reduzidos os casos que admitem o uso de recursos, notadamente, os de revista e de embargos para a SDI do TST. A justa medida dessa redução haverá de ser produto do bom senso do legislador.

Vale lembrar que a adoção, pelo direito processual brasileiro, do duplo grau de jurisdição foi antecedida de críticas, até certo ponto contundentes; chegou-se, mesmo, a colocar a questão nestes termos: a) ou os órgãos da jurisdição superior são, presumivelmente, mais capacitados que os inferiores, quanto à realização da justiça, e neste caso seria recomendável encaminhar diretamente a eles a ação que se pretendesse exercer, ou, ao contrário, b) não devem ser depositários dessa presunção de preeminência jurídica, diante do que haveria um grande risco de confiar-lhes o reexame da matéria, visto que poderiam substituir uma decisão correta por uma errada. Fora esta, precisamente, a preocupação manifestada, há séculos, por Ulpiano.

A par destas, outras objeções foram formuladas à duplicidade de graus jurisdicionais:

a) a confirmação da sentença, pelo órgão superior, implicaria supérflua atividade para o Judiciário, porquanto a manutenção do julgado traria em si uma declaração de ter sido perfeita a decisão do grau inferior;

b) ao contrário, eventual reforma da decisão secundária envolveria certo desprestígio do Estado, porque isto importaria o reconhecimento de um erro daquela decisão, que fora prolatada, em última análise, pelo mesmo Estado (Poder Judiciário);

c) os recursos retardam a formação da *res iudicata* e provocam um prolongamento do conflito de interesses em que se encontram enredadas as partes, além de infundir-lhes maior insegurança quanto ao êxito ou ao fracasso final das pretensões que deduziram em juízo;

d) a utilização dos recursos, pelo litigante de má-fé, em vez de servir ao direito, o escoria sensivelmente.

Não faltaram, entretanto, apologistas do duplo grau de jurisdição, podendo ser assim sintetizados os argumentos dessa corrente doutrinária:

a. garantia dos recursos está jungida a uma necessidade humana, pois ninguém se conforma com um julgamento único e desfavorável;

b. o recurso atua como forma de purificação da sentença, escoimando-a de erros;

c. os recursos são apreciados por um órgão colegiado, composto de juízes dotados de maior experiência no ofício de julgar;

d. a possibilidade de recorrer faz com que o juízo inferior seja mais prudente, mais cioso no momento de proferir a decisão, sabendo que esta poderá ser submetida ao crivo do órgão superior, que tem competência para reformá-la, se for o caso.

Coloquemos um grão de sal na discussão do tema.

Respeitante à alegação (ou suposição) de possuírem os juízes dos graus superiores maior conhecimento jurídico das questões suscitadas na ação e apreciadas pela sentença, não se há, *venia permissa*, como reconhecer-lhe eficácia plena, visto que pressupõe serem, o saber e a cultura jurídicos, meros produtos do tempo, da prática reiterada, da vivência, enfim. Cumpre chamar a atenção, todavia, para o fato de, não raro, haver nos órgãos superiores magistrados investidos no cargo há muito *menos* tempo do que os de primeiro grau, como ocorre, por exemplo, quando é oriundo da classe dos advogados ou do Ministério Público. Suposição dessa natureza, ademais, conduziria à inevitável conclusão de constituírem, os juízes de primeiro grau, algo como uma espécie de "aprendices para resolver mal los assuntos", de modo a ser imprescindível a existência dos órgãos superiores, incumbidos de "corregir los errores de aquellos", na precisa observação de *Tomás Jofré* (*apud* Alcides de Mendonça Lima, obra cit., pág. 134).

Quanto ao fato de a parte não se conformar com um julgamento único e desfavorável, a sua aceitação implicaria atribuir a uma simples reação psicológica do indivíduo uma relevância jurídica que ela, em verdade, não tem. Em rigor, toda pessoa vencida na ação pode ser tomada por esse estado de insatisfação psicológica", mesmo sabendo, no foro da sua consciência, que a sentença foi correta e justa. A nosso ver, a própria previsão legal do *litigante de má-fé* (*improbus litigator*) deita por terra, implicitamente, qualquer importância que se pudesse reconhecer à insatisfação da parte diante de um provimento jurisdicional desfavorável. Não há como conciliar a presença dessa espécie de litigante com a insatisfação subjetiva, que se tem procurado elevar à categoria de argumento destinado a justificar a necessidade do duplo grau de jurisdição.

Fosse de prevalecer essa alegação de desagrado psicológico, como justificar-se o fato de não se consentir que o litigante vencedor em primeiro grau e *vencido em segundo* interponha *recurso ordinário* do acórdão do Tribunal Regional para o TST, considerando-se ter sido esta a primeira decisão *desfavorável* aos seus interesses? Ou, acaso, se pretende que essa diáfana "insatisfação psicológica" justifique a interposição de recurso *ordinário* para o TST, mesmo fora das hipóteses em que a decisão do Tribunal Regional tenha sido proferida em matéria de sua competência originária?

O processo do trabalho há de receber com a necessária reserva, portanto, a afirmação do ilustre *João Monteiro*, quanto a estar "na própria natureza humana a gênesis da apelação...". ("Teoria do Processo Civil", 6ª ed., Rio: Edit. Borsoi, 1956, tomo II, pág. 607).

De outro ponto, os recursos nem sempre acabam aperfeiçoando as decisões de primeiro grau; são conhecidos por todos os casos em que, ao contrário, um mau acórdão substitui uma boa sentença. Diante disso, como poderia sobreviver a afirmação de possuírem ditos remédios um caráter purificador das decisões inferiores?

Propalar-se, ainda, que o juiz, sabendo que a sua sentença poderá ser apreciada pelo órgão da jurisdição superior, via interposição de recurso, tratará de elaborá-la com maior atenção e zelo é insinuar, *data venia*, que os magistrados de primeiro grau são pessoas irresponsáveis e que requerem, por esse motivo, uma vigilância por parte dos órgãos da jurisdição superior, a quem se atribuiu, com vistas a isso, o encargo de corrigir-lhes os desacertos na entrega da prestação jurisdicional. Acreditamos não residir neste fato a circunstância de terem os juízes de primeiro grau aquela *liberdade vigiada*, de que tanto fala a doutrina (Sérgio Bermudes, obra cit., pág. 11).

É absolutamente imperativo advertir, como o fez *Chiovenda*, que "No Estado moderno não é possível a pluralidade das instâncias fundar-se na subordinação do juiz inferior ao superior, *por não dependerem os juízes, quanto à aplicação da lei, senão da lei mesma*" (Chiovenda, obra cit., pág. 98).

As redarguições que efetuamos aos argumentos empenhados na defesa do duplo grau de jurisdição não significam, como se possa conjecturar, que estejamos, com essa atitude, a colocar-nos ao lado dos que preconizam a total supressão dos recursos; nossas objeções foram formuladas apenas para demonstrar que aquelas razões, nimiamente civilistas, quando trasladadas para o campo peculiar do processo do trabalho, perdem, em boa parte, a importância que possam ter.

Somos dos que entendem que os recursos constituem, sem dúvida, um instituto salutar, na razão em que contribuem, em muitos casos, para a perfectibilidade das decisões judiciais e, de certa forma, para a definição de algumas questões controvertidas; discordamos, entretanto, da ampla possibilidade que as leis processuais trabalhistas concedem ao litigante vencido para provocar o reexame da matéria pelo grau superior – mesmo estando consciente da exação da sentença impugnada. Por outro lado, os fatos do cotidiano estão a demonstrar que a exigência do depósito pecuniário, de que trata o art. 899, § 1º, da CLT, não tem contribuído para a redução do número de recursos interpostos, até porque essa exigência não afeta as partes econômica e financeiramente abastadas. A lembrar-se que o art. 899, da CLT: a) reduz pela metade o valor do depósito, no caso das entidades sem fins lucrativos, dos empregadores domésticos, dos microempreendedores individuais, das microempresas e das empresas de pequeno porte (§ 9º), assim como: b) isenta desse depósito os beneficiários da justiça gratuita, as entidades filantrópicas e as empresas em recuperação judicial (§ 10). Também permite que o depósito pecuniário seja substituído por fiança bancária ou seguro garantia judicial (§ 11), a contar de 11 de novembro de 2017, quando entrou em vigor a Lei n. 13.467/2017 (TST, Súmula n. 426, II).

Em resumo: entendemos ser necessária a manutenção da possibilidade de a parte interpor recurso ordinário (conquanto possam ser estabelecidas por lei ordinária algumas restrições quanto a isto), embora reconheçamos não ser menos necessário impor-se acentuada restrição à interponibilidade de recursos de natureza extraordinária (como é o caso do de revista) ao TST. O recurso ordinário está intimamente ligado ao duplo grau de jurisdição. É aquele que dá concreção a este, que o retira da abstração constitucional para aplicá-lo na vida prática.

10. Eventualidade

Está consubstanciado no art. 336, do CPC, conforme o qual cumpre ao réu alegar, na contestação, *toda a matéria de defesa* (além de expor as razões de fato e de direito com que impugna o pedido do autor e as provas que pretende produzir).

O princípio em foco expressa, pois, o dever de o réu, na contestação, apresentar todos os argumentos necessários à sua defesa, ainda que lhe parecesse ser suficiente para isso um só argumento. Desta forma, ao réu incumbirá expender as suas razões de defesa em ordem sucessiva, a fim de que o juiz, rejeitando a primeira, passe a apreciar a seguinte, e assim por diante. É como se o réu dissesse: "Apresento a Vossa Excelência o meu argumento principal; todavia, na *eventualidade* de não ser acolhido, apresento-lhe este outro".

A consequência prática de o réu não atender a essa determinação legal se manifestará sob a forma de preclusão, não lhe sendo lícito, portanto, apresentar mais tarde (na fase de recurso, digamos), um argumento que deixou de expender na oportunidade da contestação. Naturalmente, existem algumas exceções a essa regra. Basta referir o inciso III do art. 342, do CPC, segundo o qual após a contestação podem ser deduzidas novas alegações (em caráter excepcional) quando, por expressa autorização legal, puderem ser formuladas em qualquer grau de jurisdição (CC, art. 193). Em razão disso, tem-se permitido ao réu arguir a prescrição extintiva, pela primeira vez, nas razões finais (CLT, art. 850, *caput;* CPC, art. 366), ou até mesmo em grau de recurso ordinário (CLT, art. 895). Discute-se, todavia, na doutrina e na jurisprudência se o réu pode alegar prescrição em contra-razões. Pensamos que não. Ora, se as contrarrazões se destinam a refutar as razões do recorrente (e, em virtude disso, a defender a sentença impugnada), torna-se ilógico, sob essa inomitível perspectiva teleológica, afirmar-se que as contrarrazões pudessem ser utilizadas pelo réu não para rechaçar os argumentos do recorrente, nem para defender a sentença, mas para modificá-la substancialmente: esse escopo do réu só pode ser atendido em sede de recurso adesivo (CPC, art. 997; TST, Súmula n. 196).

A propósito da regra contida no art. 193, do Código Civil, um outro comentário se impõe. Quando essa norma legal declara que a prescrição pode ser alegada em qualquer grau de jurisdição, isso não significa que essa alegação possa ser feita, inclusive, depois de constituída a *coisa julgada material.* Destarte, no caso de execução de título *judicial*, não poderá o devedor arguir, na oportunidade dos embargos que oferecer, a prescrição que poderia (e deveria) ter alegado, "em qualquer tempo", no processo de conhecimento. Ao devedor somente será lícito arguir, nos embargos à execução, a prescrição *intercorrente.* É dela que tratam os arts. 11-A, *caput,* e 884, § 1º, da CLT.

A prescrição intercorrente se inicia quando o exequente deixa de praticar determinado ato processual, para o qual havia sido intimado (CLT, art. 11-A, § 1º), podendo ser pronunciada *ex officio* pelo juiz (*ibidem*, § 2º). Em decorrência do art. 11-A, da CLT, a Súmula n. 114, do TST, passou a admitir a prescrição intercorrente.

Por outro lado, a jurisprudência do TST entende que a interrupção somente pode ocorrer com o ajuizamento da ação trabalhista, e produzirá efeitos apenas no tocante aos pedidos idênticos. Ainda que a ação seja exercida em juízo incompetente ou nos casos de extinção do processo sem resolução do mérito, haverá a interrupção da prescrição (TST, Súmula n. 268). O *protesto*, como instrumento interruptivo da prescrição, somente pode ser utilizado até 10 de novembro de 2017, nos termos da OJ n. 392, da SBDI-1, do TST.

É importante esclarecer que o princípio da *eventualidade* não diz respeito à *resposta do réu*, em sentido geral (exceção, contestação, reconvenção), mas, especificamente, a uma das espécies de resposta, qual seja, a *contestação*. Desta maneira, o princípio só atua no âmbito da contestação (e, sob esse aspecto, compreende as preliminares, as prejudiciais e o próprio mérito); jamais, portanto, para além dos limites desta. Segue-se, que se o réu deixar, por exemplo, de arguir, mediante exceção, a incompetência territorial do juízo, a competência passará a ser do juízo a princípio incompetente, não em decorrência de suposto desatendimento ao princípio da *eventualidade*, e sim por força da regra inscrita no art. 65, do CPC, de acordo com a qual a competência se prorroga (melhor: transfere-se) para o juízo perante a qual a ação foi proposta.

11. Impugnação especificada dos fatos

Exige, o art. 341 do CPC, que o réu, na contestação, se manifeste precisamente sobre os fatos narrados na petição inicial. A consequência desse descumprimento da norma legal será a presunção de veracidade dos fatos alegados naquela peça inaugural.

Essa regra não será aplicada se: a) não for admissível, a respeito desses fatos, a confissão, como quando disserem respeito a direitos indisponíveis (CPC, arts. 345, II, e 392); b) a petição inicial estiver desacompanhada do instrumento público que a lei considerar da substância do ato (CPC, art. 406); c) estiverem em contradição com a defesa, tomada em seu conjunto – nos termos do art. 341, incisos I a III, respectivamente, do CPC.

De igual maneira, a regra da impugnação especificada dos fatos não será aplicável defensor público, ao advogado dativo e ao curador especial (CPC, art. 341, parágrafo único).

Em rigor, essa impugnação especificada traduz um ônus, não um princípio processual. Em todo o caso, não nos parece despropositado afirmar que ela possa ser considerada tanto como princípio como ônus, segundo seja o ponto de vista que se adote. Com efeito, se pusermos à frente a pessoa do réu, essa impugnação se revelará sob a forma de ônus (encargo); se, contudo, utilizarmos como pano-de-fundo o processo, nada obstará a que a vejamos como *princípio.*

A exigência legal de que o réu se pronuncie *precisament*e acerca dos fatos narrados na petição inicial se destinou a anatematizar a praxe, largamente difundida na vigência do Código anterior, consistente nas denominadas "contestações genéricas", ou "contestações por negativa geral", cuja imprecisão acarretava graves transtornos não apenas para a instrução, mas para a própria entrega da prestação jurisdicional. Ocorre que essa fórmula genérica não permitia ao juiz saber quais as razões pelas quais cada fato estaria sendo contestado: tudo cabia naquela fórmula, mercê de sua plasticidade. De qualquer modo, o art. 180, do CPC de 1939, com sua redação algo vaga, era a causa dessa praxe – que, como afirmamos, acabou sendo banida pelo Código de 1973 (art. 302). A propósito, o parágrafo único ao art. 341, do CPC de 2015, ao declarar que o ônus da impugnação especificada dos fatos não se aplica ao defensor público, ao advogado dativo, e ao curador especial (CPC, art. 72), está, na verdade, a dizer que estes, por exceção, podem apresentar *contestação* *genérica*, o que não deixa de traduzir um regresso tópico e ocasional ao sistema do Código anterior.

Fora disso, atualmente, por força da regra inscrita no *caput* do art. 341, do CPC, cabe ao réu impugnar, um a um, os fatos alegados pelo autor, na inicial. É óbvio que essa impugnação deve ter como objeto, apenas, os fatos *relevantes* e *pertinentes*; com isso, queremos dizer que a ausência de contestação aos fatos *despiciendos* (assim considerados aqueles dos quais o autor não extraiu nenhum pedido) ou *impertinentes* (os que, embora possam ser relevantes, não dizem respeito à causa) não trará nenhuma consequência prejudicial ao réu.

Seria mesmo de sugerir-se que as contestações fossem mais objetivas, pois as contestações prolixas, muitas vezes, têm o inconveniente de fazer com que o réu se concentre, longamente, em alguns dos fatos narrados pelo autor, esquecendo-se, em decorrência disso, de impugnar outros fatos, cuja consequência será a presunção de veracidade destes últimos. Contestação objetiva ou incisiva, contudo, não significa contestação precária, omissa, e sim contestação que se dirija, com habilidade, eficiência e concisão, a todos os fatos alegados pelo autor, de maneira a evitar que o réu se torne vulnerável à incidência da regra contida no art. 341, do CPC.

De qualquer forma, é necessário observar ser meramente *relativa* a presunção emanante da ausência de atendimento à referida norma legal, motivo por que essa presunção pode ser elidida por outros meios de prova, como, por exemplo, pela confissão real, do autor.

Não menos relevante é advertir-se que a norma do art. 341, do CPC, deverá ser aplicada com cautela no processo do trabalho, em virtude da capacidade postulatória que o art. 791, *caput*, atribui às partes. Convém lembrar que no processo civil a presença do advogado, por princípio, é obrigatória (CPC, art. 103), motivo pelo qual se justifica a regra do art. 341 do CPC. No processo do trabalho, contudo, essa presença não é obrigatória (embora não seja proibida), razão por que a aplicação sistemática da aludida norma do CPC poderia ser injusta à parte que estivesse postulando em juízo pessoalmente, vale dizer, sem representação advogado. Nem devemos ignorar o fato de as iniciais trabalhistas, via de regra, contenderem uma quantidade expressiva de fatos e de pedidos, cuja particularidade dificulta, ainda mais, a elaboração da defesa pelo réu que não possua advogado constituído nos autos.

12. Informalidade dos atos

Dispõe o art. 188, do CPC, que os atos e termos processuais não dependem de forma determinada, exceto quando a lei expressamente a exigir, reputando-se válidos os que, praticados de outro modo, lhe preencham a finalidade essencial. Por outro lado, estabelece o art. 277, do mesmo Código: "Quando a lei prescrever determinada forma, o juiz considerará válido o ato se, realizado de outro modo, lhe alcançar a finalidade".

Aí está: o princípio legal é de que os atos processuais não estão sujeitos a forma preestabelecida. Para que o elemento formal seja condicionante da validade do ato, é indispensável que a lei, por exceção, a exija de maneira expressa. Mesmo assim, se a norma legal impuser determinada forma para o ato, sem cominar de nula eventual inobservância, o ato terá validade. Nesta hipótese, incide o princípio doutrinal da *instrumentalidade* do processo, que não vê o processo como um fim em si mesmo, senão que como mero instrumento de atuação jurisdicional. Com efeito, a moderna concepção do processo como instrumento de realização da justiça rechaça o formalismo excessivo, cuja consequência, não raro, é a frustração dos objetivos do processo, de sua função social. Conforme havíamos observado em linhas anteriores, já se disse, com propriedade, que embora a forma seja algo necessária para a validade dos atos processuais – e para a própria segurança jurídica das partes –, o formalismo extremado constitui uma deturpação, uma anomalia a ser combatida.

A Lei n. 9.099, de 26-9-95, instituidora dos Juizados Especiais Cíveis e Criminais, em seu artigo 2.°, declara que o processo se orientará, dentre outros critérios (princípios), pelo da *informalidade*. Complementando essa declaração, o art. 13 dispõe que os atos processuais serão válidos "sempre que preencherem as finalidades para as quais forem realizados, atendidos os critérios indicados no art. 2º desta lei".

Exemplo característico de situação em que a lei comina de nulo o ato realizado de forma diversa da prevista é o do art. 280, do CPC: "As citações e as intimações *serão nulas* quando feitas sem observância das prescrições legais" (destacamos). Todavia, a nulidade não deverá ser decretada quando requerida pela parte que lhe deu causa (CPC, art. 276). Cuida-se, nesta hipótese, de um princípio ético. No processo do trabalho, embora a resposta *escrita* do réu contrarie a letra do art. 847, da CLT, não pode ser causa de nulidade processual, seja porque o mencionado dispositivo legal não contém essa cominação, seja porque essa alteração quanto à forma, em regra, não acarreta prejuízo à parte contrária (CLT, art. 794).

A propósito das nulidades processuais, é oportuno recordar que estas podem dizer respeito: a) à forma, ou b) *ao fundo*. As nulidades da *forma*, por sua vez, subdividem-se em: a.a.) *relativas*, que somente podem ser alegadas pelas partes, estando, por isso, sujeitas à preclusão; a.b.) *absolutas*, que podem ser decretadas *ex officio* ou a requerimento da parte, em qualquer tempo ou grau de jurisdição (como a incompetência absoluta: CPC, art. 64, § 1º), motivo por que não geram preclusão. As nulidades de *fundo* se referem aos pressupostos processuais e às condições da ação. São absolutas e, por isso, podem ser decretadas em qualquer tempo e grau de jurisdição ordinária.

13. Sucumbência

Em princípio, não se cogitava, nos sítios do processo do trabalho, da sucumbência com um dos princípios deste processo. Aqui, os honorários de advogado somente eram devidos no caso do art. 14, da Lei n. 5.584/70, a teor das Súmulas ns. 219 e 329, do TST.

Posteriormente, contudo, por força da Emenda Constitucional n. 45/2004, a Justiça do Trabalho teve ampliada a sua competência, para abranger litígios derivantes da "relação de trabalho" (art. 114, inciso I), ou seja, de certas relações materiais regidas pelo direito comum. Em decorrência disso, a Instrução Normativa n. 27/2005, do TST, passou a admitir a sucumbência nessas causas, por forma a autorizar os juízes a imporem o pagamento de honorários de advogado ao vencido (art. 5.°).

Mais tarde, a Lei n. 13.467/2017 introduziu na CLT o art. 791-A, contendo esta redação: "Art. 791-A. Ao advogado, ainda que atue em causa própria, serão devidos honorários de sucumbência, fixados entre o mínimo de 5% (cinco por cento) e o máximo de 15% (quinze por cento) sobre o valor que resultar da liquidação da sentença, do proveito econômico obtido ou, não sendo possível mensurá-lo, sobre o valor atualizado da causa".

A contar desse momento, o processo do trabalho passou a adotar o princípio civilista da *sucumbência*, em tema de honorários advocatícios. Esse princípio, todavia, somente pode ser aplicado aos processos iniciados após 11 de novembro de 2017, data em que entrou a viger a Lei n. 13.467/2017 (TST, Súmula n. 219, VII).

Na lição, sempre atual, de Giuseppe Chiovenda, o princípio da sucumbência decorre do fato objetivo da derrota na causa e se justifica porque "a atuação da lei não deve representar uma diminuição patrimonial para a parte a cujo favor se efetivou; por ser do interesse do Estado que o emprego do processo não se resolva em prejuízo de quem tem razão, e por ser, de outro turno, interesse do comércio jurídico que os direitos tenham um valor tanto quanto possível e constante"(Instituições", vol. I, págs. 285/286).

É bem verdade que se pode colocar em dúvida a pertinência dessas palavras do eminente jurista italiano com os casos em que a parte postula em causa própria, uma vez que, nesta hipótese, ela não estaria contraindo despesas com a contratação dos serviços profissionais de advogado. Em todo o caso, o art. 791-A, *caput*, cuidou de declarar: "Ao advogado, ainda que atue em causa própria, serão devidos honorários de sucumbência".

Os honorários são igualmente devidos nas ações promovidas em face da Fazenda Pública e naquelas em que a parte estiver assistida ou substituída pelo sindicato (*ibidem*, § 1º).

Com vistas à condenação do vencido ao pagamento de honorários advocatícios, o juiz deverá observar os seguintes critérios: "I – o grau de zelo do profissional; II – o lugar de prestação do serviço; III – a natureza e a importância da causa; IV – o trabalho realizado pelo advogado e o tempo exigido para o seu serviço" (*ibidem*, § 2º).

A respeito do tema de honorários de advogado e de outras despesas processuais, devem ser destacadas, dentre várias, as seguintes Súmulas do STF:

> 234: "São devidos honorários de advogado em ação de acidente do trabalho julgada procedente";
>
> 236: "Em ação de acidente do trabalho, a autarquia seguradora não tem isenção de custas";
>
> 389: "Salvo limite legal, a fixação de honorários de advogado, em complemento da condenação, depende das circunstâncias da causa, não dando lugar a recurso extraordinário";
>
> 512: "Não cabe condenação em honorários de advogado na ação de mandado de segurança";
>
> 616: "É permitida a cumulação da multa contratual com os honorários de advogado, após o advento do Código de Processo Civil vigente".

É prudente destacar, todavia, que o princípio da sucumbência não está restrito a esses honorários, compreendendo, isto sim, todas as *despesas processuais*, em cujo conceito se incluem, ainda, custas, indenização de viagem, diária de testemunha, remuneração do assistente técnico etc., nos termos do art. 84, do CPC. As despesas enfeixam, portanto, todos os gastos que se fizeram indispensáveis para que o processo pudesse cumprir a sua função social.

O pedido de honorários de advogado integra a classe especial dos *implícitos*, como evidencia os arts. 84, do CPC, e 791-A, *caput*, da CLT. No mesmo sentido a orientação jurisprudencial do SFT, conforme demonstra a sua Súmula n. 256: "É dispensável pedido expresso para condenação do réu em honorários, com fundamento nos arts. 63 ou 64 do Código de Processo Civil". Conquanto os dispositivos legais aí indicados se refiram ao CPC de 1939, a Súmula citada continua a ser aplicável na vigência do Código de 2015, em virtude da redação imperativa do art. 84, *caput*.

Se cada litigante for em parte vencedor e vencido, serão recíproca e proporcionalmente distribuídos e compensados entre eles as despesas (CPC, art. 86, *caput*): verifica-se, aqui, a denominada "sucumbência recíproca", também prevista no art. 791-A, § 3º, da CLT. Contudo, se um dos litigantes decair de parte mínima do pedido, o outro responderá, inteiramente, pelas despesas e honorários (CPC, art. 86, parágrafo único): é a "sucumbência mínima".

14. Estabilidade da lide

O princípio em questão diz da imutabilidade dos elementos da lide, seja sob o aspecto: a) *subjetivo*, seja sob o b) *objetivo*.

a) *Aspecto subjetivo*. Liga-se à pessoa dos litigantes e à permanência de sua legitimidade, ainda que ocorram fatos supervenientes. É a *perpetuatio legitimationis*, de que fala o art. 108, do CPC: "No curso do processo, somente é lícita a sucessão voluntária das partes nos casos expressos em lei".

A *perpetuatio legitimationis* se define a partir do momento em que ocorrer a citação válida (CPC, art. 240, *caput*).

Cabe também lembrar a disposição do art. 109, *caput*, do CPC, conforme a qual a alienação da coisa ou do direito litigioso, a título particular, por ato entre vivos, não altera a legitimidade das partes. Na verdade, o adquirente ou o cessionário só poderá ingressar em juízo para substituir o alienante ou o cedente se com isso concordar a parte contrária (§1.°); de qualquer modo, faculta-se ao adquirente ou ao cessionário intervir nos autos, como assistente litisconsorcial do alienante ou ao cedente (§ 2.°).

Um dos casos em que a lei prevê a sucessão das partes, no curso do processo, é revelada pelo art. 110, do CPC: morte ou perda da capacidade processual de qualquer das delas. A alteração subjetiva será feia pelo espólio ou pelos sucessores. O procedimento da habilitação da parte legitimada é regulado pelos arts. 687 a 692, do mesmo Código.

O princípio da estabilização subjetiva da lide está relacionado com os limites subjetivos da coisa julgada material, porquanto, segundo o art. 472, do CPC, a sentença faz coisa julgada entre as partes, não beneficiando nem prejudicando terceiros.

b) *Aspecto objetivo*. Os elementos objetivos da lide são a *causa de pedir* e os *pedidos*. Estabelece o art. 329, do CPC que o autor poderá: a) até a citação, aditar ou alterar o pedido ou a causa de pedir, mesmo sem o consentimento do réu; b) até o saneamento do processo, aditar ou alterar o pedido e a causa de pedir, com a anuência do réu, assegurado o contraditório mediante a possibilidade de manifestação deste no prazo de quinze dias, facultado o requerimento de prova complementar.

No sistema do CPC de 1973, realizada a citação, era defeso ao autor modificar o pedido ou a causa de pedir, sem o consentimento do réu, acrescentando o parágrafo único dessa norma que a alteração, em nenhuma hipótese, seria permitida depois do saneamento do processo, a que se referia o art. 331, daquele Código. O art. 294, do mesmo Código, por sua vez, proibia o aditamento ao pedido após a citação do réu. Esse dispositivo legal, em sua redação primitiva, não permitia o aditamento em nenhuma situação, cuja rigidez foi atenuada pela Lei n. 8.718, de 14-10-93. A redação original era esta: "Quando o autor houver omitido, na petição inicial, pedido que lhe era lícito fazer, só por ação distinta poderá formulá-lo".

O princípio da estabilidade da lide se justifica não somente pela necessidade de preservar as garantias constitucionais do contraditório e da ampla defesa, e de evitar eventuais atitudes de má-fé, como a impedir a instauração de tumulto no procedimento – que por certo ocorreria se ao autor fosse lícito modificar a causa de pedir ou o pedido, ou realizar aditamento, ao seu alvedrio, em qualquer fase do procedimento, mesmo que antes da sentença.

O processo do trabalho pode nortear-se, *mutatis mutandis*, pelo art. 329, do CPC. Assim a) sem que tenha ocorrido a citação, o autor poderá modificar a causa de pedir ou o pedido, independentemente de consentimento do réu. Essa possibilidade é plenamente justificável, pois se o réu ainda foi citado significa que não tem ciência da ação; b) no processo do trabalho não há uma fase específica, destinada ao saneamento e à organização do processo (CPC, art. 357). Sendo assim, citado que tenha sido o réu, qualquer modificação da causa de pedir ou do pedido somente poderá ser feita com a concordância expressa, deste.

15. Inalterabilidade dos prazos peremptórios

Para já, é conveniente registrar que, em sede processual, sempre haverá a fixação, por norma legal ou pelo magistrado, de prazo destinado à prática de atos, seja pelas partes ou por terceiros. A existência de prazos visa, a um só tempo, estabelecer uma regra de equanimidade entre os litigantes (pois, em princípio, a duração do prazo deverá ser igual para ambos) e a controlar o tempo do procedimento. Tão importante são os prazos, nos sítios do processo, que o art. 218, § 3º, do CPC, estatui que se não houver preceito legal nem assinação pelo juiz, o prazo para a prática do ato, a cargo das partes, será de cinco dias. Trata-se, portanto, de uma regra de caráter supletivo, a incidir nos eventuais casos em que houver omissão da lei ou do magistrado.

O princípio da *inalterabilidade dos prazos peremptórios* tinha a sua sede no art. 182, do CPC de 1973 "É defeso às partes, ainda que todas estejam de acordo, reduzir ou prorrogar os prazos peremptórios (...)".

O CPC e 2015 não reproduziu essa regra. Como deve ser interpretado esse silêncio do legislador? Respondamos: no processo do trabalho segue em vigor a regra do art. 182, do CPC de 1973, pois não se aplica ao processo do trabalho o disposto nos arts. 190 e 191, do CPC de 2015. O primeiro permite que as partes, sendo capazes – e desde que o processo verse sobre direito que admita a autocomposição –, estabeleçam mudanças no procedimento para ajustá-lo à especificidade da causa, e também convencionar sobre ônus, poderes, faculdades e deveres processuais, antes ou durante o processo; o segundo autoriza o juiz e as partes, mediante acordo (*comum acordo* é pleonasmo vicioso) fixarem calendário para a prática de atos processuais, quando for o caso. Os arts. 190 e 192, do CPC, parecem ter sido o pressuposto para a não repetição da regra contida no art. 182, do CPC de 1973, que, conforme vimos, proibia às partes reduzirem ou alterarem os prazos peremptórios. O que o art. 222, § 1º, do CPC de 2015 veda é a possibilidade de o juiz reduzir prazos peremptórios sem a concordância das partes.

Em suma: entendemos que, no processo do trabalho, nem o juiz, nem as partes, podem alterar prazos peremptórios.

De modo geral (logo, podem ocorrer exceções), a diferença entre prazos *dilatórios* e *peremptórios* decorre na norma legal que os prevê: sendo a norma de natureza meramente *dispositiva,* o prazo aí referido será *dilatório;* caso, entretanto, a norma seja do tipo *cogente,* estaremos diante de prazo *peremptório.*

São exemplos de prazos *peremptórios* os fixados para excepcionar, contestar, reconvir, recorrer, embargar etc. Esses prazos não podem ser modificados, ou seja, reduzidos ou ampliados, mesmo que haja, quanto a isso, concordância das partes. Assim, ainda que autor e réu viessem a ajustar, entre si, que o prazo para interpor o recurso ordinário seria de quinze dias, essa manifestação de vontade seria absolutamente ineficaz, pois o prazo legal, fixado em oito dias (CLT, art. 895), por ser peremptório, não pode ser modificado.

Em caráter excepcional, no entanto, a lei permite que o juiz, nas comarcas onde for difícil o transporte, prorrogue quaisquer prazos (inclusive os peremptórios), mas nunca por mais de dois meses (CPC, art. 222, *caput*). Nos casos de calamidade pública, esse limite de prorrogação poderá ser ultrapassado *(ibidem*, § 2º), segundo o prudente arbítrio do magistrado, que, para isso, levará em conta o momento a partir do qual os problemas acarretados pela calamidade teriam cessado.

Os prazos *dilatórios*, entretanto, podem ser reduzidos ou prorrogados; para isso, deverão ser atendidos alguns requisitos legais básicos: a) a modificação, para mais ou para menos, do prazo não pode ser objeto de manifestação unilateral, sendo indispensável a existência de acordo, de ajuste entre os litigantes; b) essa convenção deverá fundar-se em motivo legítimo e c) ser submetida à apreciação do juiz antes do vencimento do prazo. Desta forma, se o motivo da pretendida alteração for irrelevante, despiciendo, o requerimento, digamos, de prorrogação do prazo deverá ser indeferido, do mesmo modo deverá sê-lo se, a despeito de serem ponderosas as razões em que se funda, esse requerimento vier a ser protocolado em juízo depois de exaurido o prazo que se desejava prorrogar: sucede que, nesta hipótese, a parte não estará pretendendo prorrogar o prazo e sim, restabelecê-lo.

No caso de deferir o requerimento, o juiz deverá fixar o dia do vencimento do prazo da prorrogação. A jurisprudência tem entendido que se o juiz deixar de fixar o dia do termo desse prazo, o dia de início do novo prazo será o subsequente àquele em que a parte for intimada do deferimento de seu pedido de prorrogação.

No processo do trabalho, portanto, há *dois princípios*, quanto à alteração dos prazos: a) o princípio que não admite a modificação dos prazos peremptórios, mesmo havendo acordo das partes b) o princípio que admite a modificação dos prazos dilatórios, mediante a comunhão da vontade dos litigantes.

No mais, decorrido o prazo (previsto em lei ou assinado pelo juiz), extingue-se, de forma automática, o direito de praticá-lo, exceto se a parte provar que não o realizou em decorrência de justa causa (CPC, art. 223, *caput)*. Sobre essa declaração da lei, alguns escólios elucidativos são necessários. Em primeiro lugar, a extinção automática do direito de realizar o ato significa que esse efeito preclusivo independerá de pronunciamento do juiz; em segundo, a justa causa, capaz de autorizar a devolução do prazo à parte, consiste no evento imprevisto, alheio à sua vontade, que a impediu de praticar o ato, pessoalmente ou mediante mandatário *(ibidem*, § 1.°). Podem ser mencionados como exemplos de justa causa: a grave enfermidade do advogado; o sequestro do advogado; o falecimento inesperado de um seu parente próximo; a paralisação dos serviços judiciais em virtude de greve; o encerramento do expediente forense antes do horário normal; a retirada dos autos em carga, pelo adversário, sendo o prazo comum etc. Verificada a justa causa, o juiz deverá permitir à parte a prática do ato no prazo que lhe assinar (*ibidem*, § 3º).

16. Renúncia aos prazos

A lei (CPC, art. 225) permite que a parte renuncie ao prazo estabelecido, exclusivamente, em seu benefício, contanto que o faça de maneira expressa.

Não se tem exigido, para a validade dessa renúncia, que o direito material discutido em juízo seja disponível, porquanto a renúncia terá como objeto não o mencionado direito, e sim uma faculdade processual.

Embora o art. 225, do CPC, exija que a renúncia, para a sua validade, seja *expressa*, no processo do trabalho será possível admitir-se a renúncia *tácita*. No caso de recurso, por exemplo, a renúncia tácita estará caracterizada pelo fato de a parte praticar, sem reserva, algum ato inconciliável com a vontade de recorrer (CPC, art. 1.000). A propósito, há certa antinomia entre os arts. 225 e 1.000, do CPC, se considerarmos que o primeiro, conforme dissemos, exige que a renúncia seja expressa, ao passo que o segundo a admite pela via tácita; que se configurará com o fato de a parte praticar, sem reserva, "ato incompatível com a vontade de recorrer".

Tratando-se de litisconsórcio unitário, a renúncia só será eficaz se manifestada por todos os litisconsortes; nas demais espécies de regimes litisconsorciais, contudo, a renúncia feita por um só, em princípio, terá eficácia, porquanto o direito material discutido é divisível. Nesta hipótese, incidirá a regra estabelecida pelo art. 117, do CPC. Sob esse mesmo critério doutrinal é que deve ser interpretada a norma do art. 1.005, do CPC, de que o recurso interposto por um dos litisconsortes a todos aproveita, salvo se opostos ou distintos os seus interesses. Esse aproveitamento só se dá no âmbito do litisconsórcio unitário, em que a lide deve ser decidida de modo uniforme para todos os compartes. (CPC, art. 116).

17. Ônus da prova

Deixamos, propositadamente, por último, a referência a este princípio.

As diversas legislações, brasileiras e estrangeiras, tanto do passado quanto atuais, sempre manifestaram preocupação em repartir o encargo da prova entre os litigantes.

Não vem ao caso examinar, com minúcia, as várias correntes de pensamento e as diversas legislações concebidas com essa finalidade. Apenas à guisa de ilustração sumária, devemos referir o fato de, em certa fase do Direito Romano, haver-se concebido a regra segundo a qual o ônus da prova incumbia a quem afirmasse ou agisse (*semper onus probandi ei incumbit qui dicit*"; "*semper necessitas probandi incumbit illi qui agit*). Assim se afirmava porque quem por primeiro ingressava em juízo era, por óbvio, o autor. Como era ele quem fazia afirmações ou alegações, incumbia-lhe o encargo da prova (*actori incumbit onus probandi"*). Um dos efeitos práticos dessa regra era de que o encargo da prova não se transferia ao réu, mesmo que este não contestasse os fatos alegados pelo autor (*"ei incumbit probatio qui dicit, non negat"*), conforme se lê em *Paulus*, "Digesto", Livro XXII, Título III: *"De probationibus et praesumptionibus"*, fragmento n. 2.

Considerando-se, porém, que essa regra era incorreta, porquanto, muitas vezes, a alegação feita pelo réu implicava um fato capaz de modificar, impedir ou extinguir o direito invocado pelo autor, passou-se a atribuir ao réu o encargo da prova em tais situações, alterando-se a regra para: *"réus in excipiendo fit acto*r" (ao contestar o réu se torna autor), que Ulpiano adaptou para *"reus in exciptione actor est* (Digesto, Livro XLIV, Título I, *"De exceptionibus"*, fragmento n. 1).

No plano do processo civil brasileiro, a distribuição do encargo da prova é regulada pelo art. 373, do CPC, conforme o qual o ônus incumbe: a) ao autor, quanto se tratar de fato constitutivo do seu direito (inciso I); b) ao réu, quanto à existência de fato impeditivo, modificativo ou extintivo do direito do autor (inciso II).

No sistema do processo do trabalho, a matéria é disciplinada pelo art. 818, da CLT. Conforme afirmamos no item, 7, retro ("Livre apreciação das provas"), a redação primitiva do precitado dispositivo legal era a seguinte: "A prova das alegações incumbe à parte que as fizer".

Ao escrevermos o livro "A Prova no Processo do Trabalho" (São Paulo, LTr Editora), cuja primeira edição foi lançada em 1985, encontramos oportunidade para sugerir uma interpretação sutil dessa norma da CLT, por modo a concluir que o ônus da prova incumbiria sempre ao réu. Assim dizíamos, baseados em uma pressuposição fundamental: ao alegar fatos capazes de substituir os do autor, o réu atrairia para si o ônus da prova. É evidente que se o réu não os contestasse teria contra si a presunção de veracidade daqueles fatos. Nossa sugestão, conquanto tenha amealhado adeptos, não predominou. O argumento central da interpretação que demos ao art. 818, da CLT, estava umbilicalmente jungido ao escopo de proteção do trabalhador, como parte hipossuficiente, que constitui, de forma inegável, um dos traços característicos do processo do trabalho. Tempos depois – mais precisamente em 1990 --, a Lei n. 8.078, de 11 de setembro daquele ano, veio a demonstrar que nosso pensamento não era tão absurdo quanto possa ter parecido. Ocorre que essa norma legal inseriu, no rol dos direitos básicos do consumidor, dentre outros, a facilitação da defesa dos seus interesses e direitos, "inclusive com a *inversão do ônus da prova, a seu favor*, no processo civil, quando, a critério do juiz, for verossímil a alegação ou *quando for ele hipossuficiente*, segundo as regras ordinárias de experiências" (art. 6º, inciso VIII). Destacamos.

Sob este aspecto – prosseguíamos – não se poderia negar que a CLT tivesse sido superada pelo Código de Defesa do Consumidor, logo ela, CLT, que sempre assinalou a sua presença na ordem jurídica mercê de um acentuado traço de vanguardismo.

Seja como for, o fato é que, não sendo a CLT omissa quanto tema (art. 818), nenhum intérprete estava autorizado a aplicar, em caráter subsidiário (CLT, art. 769), a regra do art. 333, do CPC de 1973.

Os tempos mudaram.

Surge o CPC de 2015, cujo art. 373 mantém o critério de distribuição do ônus da prova consagrado pelo art. 333, do CPC de 1973. Advém a Lei n. 13.467/2017, que reformula a redação do art. 818, do CLT, passando a ser esta: "O ônus da prova incumbe: I – ao reclamante, quanto ao fato constitutivo do seu direito; II – ao reclamado, quanto à existência de fato impeditivo, modificativo ou extintivo do direito do reclamante". Houve, como se percebe, capitulação total do processo do trabalho ao processo civil, no que respeita ao ônus da prova.

Resumo:

Princípios infraconstitucionais do processo:

- Demanda;
- Impulso oficial;
- Preclusão;
- Oralidade;
- Economia;
- Lealdade;
- Livre apreciação das provas;
- Persuasão racional;
- Duplo grau de jurisdição;
- Eventualidade;
- Impugnação especificada dos fatos;
- Informalidade dos atos;
- Sucumbência;
- Estabilidade da lide;
- Inalterabilidade dos prazos peremptórios;
- Renúncia dos prazos;
- Ônus da prova.

Subseção III – Princípios específicos do processo do trabalho

1. Introdução

No início deste Capítulo, dedicamo-nos ao estudo dos princípios informativos do processo em geral, classificando-os em dois grupos básicos: a) constitucionais e b) infraconstitucionais, conforme tenham sede na Suprema Carta Política do país ou em leis ordinárias. Desprezamos a adoção de outros critérios de classificação por reputarmos destituídos de relevância prática.

Em termos largos, podemos dizer que atuam no processo do trabalho todos esses princípios, embora seja necessário chamar a atenção ao fato de que este processo especializado lhes imprime, conforme seja o caso, intensidade maior ou menor do que aquela de que se fazem providos no processo civil. Por outras palavras, o processo do trabalho ora exalta alguns desses princípios, para deles extrair o máximo de eficiência, ora os atenua, para harmonizá-los com o substrato ideológico que vivifica este processo.

A doutrina estrangeira tem-se preocupado, de longa data, em classificar os princípios regentes do processo do trabalho.

1) Para Menéndez-Pidal, por exemplo, estes consistem: a) no tecnicismo; b) na maior intensidade do princípio inquisitivo; c) no impulso judicial ("Derecho Procesal Social", Revista de Derecho Privado, Madrid: 1947, pág. 6).

2) Em Porrás López temos: a) o dispositivo; b) o do impulso processual; c) o da formalidade; d) o da concentração; e) o da imediação; f) o da publicidade; g) o da apreciação das provas em consciência. ("Derecho Procesal del Trabajo, Puebla, México: José Cajica, pág. 255).

3) Eduardo Couture aponta os seguintes: a) correção da desigualdade; b) especialização do juízo; c) poder normativo; d) não-imutabilidade da coisa julgada; e) ampla margem de equidade; f) intensificação da conciliação ("Algunas Nociones Fundamentales de Derecho Procesal del Trabajo", Instituto de Derecho del Trabajo de la universidad Nacional del Litoral, Santa Fé, Argentina: 1941, pág. 111).

4) Mariano Tissembaum menciona: a) a ultrapetição; b) o início *ex officio* da ação; c) a intensificação da conciliação; d) a possibilidade de revisão da coisa julgada. ("Las Controversias del Trabajo", Buenos Aires: 1952, pág. 165.

5) Nelson Nicoliello também alude à ultrapetição, incluindo, ainda, a escolha do foro, pelo trabalhador, para ajuizar a ação ("Nuevos Apuntes Jurídicos", Montevideo: Amalio M. Fernandez, 1970, pág. 117).

Entre nós, colhemos as seguintes classificações:

1) Russomano menciona os princípios: a) da finalidade social; b) da oralidade; c) do impulso pelas partes; d) da economia. ("Anteprojeto de Código de Processo de Trabalho", de 1964).

2) Wagner Giglio, de sua parte, fala-nos dos princípios: a) protecionista; b) da jurisdição normativa; c) da despersonalização do empregador; d) da simplificação do procedimento ("Direito Processual do Trabalho", São Paulo, LTr, 6ª ed., 1996, págs. 75/78).

3) Cesarino Júnior indica os: a) da oralidade; b) da unidade do juízo; c) da concentração; d) do julgamento imediato; e) da irrecorribilidade das decisões interlocutórias; f) da revogabilidade das decisões definitivas ("Direito Social Brasileiro", São Paulo: Saraiva, 1970, vol. I, pág. 216). Não se deu conta, porém, este último jurista, que a concentração e a irrecorribilidade das interlocutórias fazem parte da oralidade, como demonstramos em páginas precedentes.

4) Coqueijo Costa entendia serem princípios do processo do trabalho: a) o dispositivo; b) o formalista; c) a oralidade; d) a celeridade; e) o contraditório; f) o impulso oficial; g) a livre convicção do juiz; h) a lealdade processual; i) a conciliação; j) a irrenunciabilidade ("Direito Processual do Trabalho", Rio: Forense, 3ª ed., 1986, págs. 21/22).

O processo do trabalho, visto sob o ângulo ontológico, não constitui uma entidade à parte, que tenha surgido do nada para ocupar um lugar no universo jurídico. Dá-se que o conceito de processo, como método estatal de solução heterônoma de conflitos intersubjetivos de interesses juridicamente tuteláveis, é substancialmente uno e incindível. Quando falamos em processo civil, penal, do trabalho etc., não estamos ignorando essa unidade e incindibilidade ontológicas do processo, senão que, apenas, realçando a natureza da lide que ele se destina a compor.

A observação é importante para demonstrar que o processo do trabalho, como espécie, participa do gênero processo, e, em razão disso, nutre-se dos princípios nos quais este se assenta, com vistas ao atingimento de suas finalidades político-institucionais. Desse modo, é evidente que ao processo do trabalho, assim como ao civil (para não cogitarmos do penal), são aplicáveis os princípios previstos na Constituição da República, dentre os quais, os da inafastabilidade da jurisdição, do juiz natural, do contraditório e da ampla defesa, do devido processo legal, do juízo competente, da publicidade, da fundamentação das decisões, da liceidade dos meios de prova, da igualdade de tratamento (pelo juiz) e da não-prisão civil por dívida. Pelo mesmo motivo, atuam no processo do trabalho os princípios a que denominamos de infraconstitucionais, vale dizer, os da demanda, do impulso processual *ex officio*, da oralidade, da economia, da conciliação, da lealdade, da livre investigação das provas, do ônus da prova, do duplo grau de jurisdição, da eventualidade e do dispositivo, dentre outros.

O que varia, entre um processo e outro, como dissemos antes, é a intensidade com que tais princípios são aplicados. Essa variação deriva, fundamentalmente, do escopo ideológico de cada processo, que é determinado pela influência direta e irresistível sobre eles exercida pela contextura político-ideológica do direito material a que correspondem. Nem poderia ser de maneira diversa, sob pena de o processo não atender eficazmente aos fins para o qual foi instituído. Trazido o tema para o campo da patologia, podemos dizer que a disfunção do processo é um mal que o acomete toda vez que se afasta dessa área de influência do direito material.

Postas essas considerações, examinemos, a seguir, quais os princípios que podem ser indicados como verdadeiramente característicos do processo do trabalho. Essa empreitada, no entanto, para alcançar, sem falhas consideráveis, o objetivo traçado, deve ser precedida de uma reflexão, embora breve, acerca da condição social do trabalhador e as consequências que ela acarreta em suas relações jurídicas com o empregador, nos planos material e processual.

É copiosa a literatura estrangeira, e do mesmo modo a brasileira, atinente à demonstração convincente de inexistir igualdade social ou econômica entre trabalhador e empregador; o que há, isto sim, de maneira invariável e esmagadora, é uma superioridade deste, como detentor dos meios de produção e de provas. Daí, a necessidade de essa histórica inferioridade do trabalhador ser compensada pelo Estado, mediante a edição de normas legais que o coloquem em estratégica superioridade jurídica diante do empregador (Gallart-Folch). A realidade tem demonstrado, contudo, de forma dramática, que esse artifício da superioridade jurídica não tem sido suficiente para permitir ao trabalhador estabelecer um efetivo equilíbrio de forças em suas relações com o empregador, conquanto seja inevitável reconhecer que, sem essa fórmula artificiosa, a situação do trabalhador estaria grandemente empiorada.

Essa proteção legal seria, entretanto, insatisfatória se ficasse restrita às relações materiais, intersubjetivas, pois de nada valeria ao trabalhador ostentar a superioridade já mencionada, mas ver-se dela desprovido quando ingressasse em juízo. Afinal, o simples fato de haver invocado a prestação da tutela jurisdicional, visando a conseguir a reparação de um direito lesado, não faz com que o trabalhador se veja livre dessa fatalidade histórica representada pelo ferrete iníquo da inferioridade econômica. Ainda que a contragosto, devemos reconhecer que, não sendo o trabalhador e o empregador iguais na vida social, seria ilusório imaginar que passariam a sê-lo no âmbito conflituoso do processo. Muda o cenário, mas não a história. Daí decorre a necessidade imperiosa de o Estado ministrar uma adequada proteção jurídica ao trabalhador, quando este tem o seu dia na Corte. Quando este assume o *status* formal de parte, de autor da demanda, sem que isso faça desaparecer a dura sina que as convenções humanas lhe reservaram. No momento, portanto, que ele exerce o seu direito constitucional de ação, a tutela que lhe dispensa o direito material deve irradiar os seus efeitos, sem perda de intensidade, no terreno processual. O processo do trabalho, nunca é demais insistir, sem prejuízo de poder ser objeto de exames e de discussões tendentes a aprimorá-lo do ponto de vista científico e de efetividade, jamais poderá esquecer que a sua finalidade reside, sem maiores rebuços, em servir ao direito material.

Mais uma vez, preocupamo-nos em esclarecer que não se instila nessas nossas palavras o desejo sub-reptício de fazer uma concessão à teoria civilista, outrora vogante, segundo a qual a ação nada mais seria do que o próprio direito material em estado de reação a uma violência sofrida. Com isso, negava-se a autonomia ontológica da ação, reduzindo-a a mero elemento apendicular do direito material. Sabemos que a ação, hoje, tem reconhecida a sua autonomia ontológica; tanto isso é verdadeiro, que pode haver ação sem direito material, bastando citar a declaratória negativa, cujo objetivo radica, justamente, na obtenção de um provimento jurisdicional que diga (declare) da inexistência de relação jurídica material entre autor e réu. Essa particularidade, a propósito, já fora percebida pela argúcia do notável Adolfo Wach, quase no final do século passado.

O que pretendemos, com aquelas palavras, foi formular uma advertência, a quantos se julguem dela destinatários, de que o processo do trabalho, no compreensível entusiasmo pela busca de sua evolução científica, não deve esquecer que o verdadeiro motivo de sua existência é fazer atuar, sem perda de conteúdo, o direito material. Aquele, sem este, é nada. Nossa inquietação, quanto aos riscos dessa alienação ideológica do processo do trabalho, é antiga e tanto mais a mantemos quanto percebemos que, nos diversos textos elaborados com vistas à reformulação desse processo (seja para codificá-lo, ou não), os seus autores não se têm dado conta de que este deve ser presidido pelo mesmo escopo tuitivo do trabalhador, que caracteriza e justifica a razão de ser do direito material.

Sem ainda procurarmos identificar os princípios característicos do processo do trabalho, passemos a ocupar-nos, mesmo que fugazmente, com a análise de algumas particularidades dos conflitos trabalhistas, pois isso nos conduzirá com maior segurança ao encontro daqueles princípios.

Quando o trabalhador ingressa em juízo, não ficam em jogo apenas os seus direitos individuais, ou seja, os direitos daquele determinado trabalhador; ao impetrar a tutela jurisdicional do Estado, ele, natural e inevitavelmente, leva consigo os interesses da classe (não somente da categoria, que tem um significado estrito) a que pertence. Em que pese ao fato de não haver aí uma lide coletiva, na medida que só é parte aquele trabalhador, não se pode negar que ele, embora subjetivamente individualizado, representa, sob certo aspecto, os interesses e as aspirações de toda a classe trabalhadora, levando-se em conta as relações históricas que esta mantém com a dos empregadores. Não será insensato afirmar, por esse motivo, que, na ação individual ajuizada pelo trabalhador, está, microscopicamente reproduzido, um conflito de classes, circunstância suficiente para demonstrar a imprudência daqueles que procuram dar às lides trabalhistas a mesma conformação que soem atribuir às lides próprias do processo civil. Dizendo-se por outra forma, embora haja na ação individual trabalhista, do ponto de vista subjetivo, uma individualização do trabalhador, como autor, e uma especificação das pretensões por ele deduzidas, essa individualização e essa especificação se encontram ligadas não somente ao microcosmos de sua individualidade, mas também, e principalmente, ao universo dos interesses da classe da qual é um atuante elemento fragmentário. Visto o fenômeno por este ângulo óptico, pode-se asseverar que o conflito inter-subjetivo de interesses, ocorrente no processo do trabalho, se caracteriza, ideologicamente, pela despersonalização do trabalhador, como indivíduo, para convertê-lo em representante da classe de que participa.

Segue-se, que mesmo em uma ação individual está sempre presente, em sua raiz, aquele conflito mais amplo, que decorre dos interesses antagônicos que assinalam as relações entre o detentor dos meios de produção e o possuidor da força de trabalho. Nesse concerto de ideias, o trabalhador possui não apenas interesses concretos, traduzidos no acolhimento dos pedidos formulados, como (ainda que não o saiba) a função ideológica de desempenhar, como partícula, o papel que sua classe representa nas relações com a socialmente oposta.

Se admitidas como verdadeiras estas nossas considerações, parece-nos livre o caminho para concluir que a mais significativa das características dos conflitos trabalhistas repousa em seu caráter *classista*.

Como havíamos dito, antes disso, que o fato de o trabalhador ingressar em juízo não elimina a sua posição de inferioridade econômica em face do empregador — de tal sorte que o legislador deve dispensar-lhe o mesmo tratamento protetivo dado no plano do direito material —, sentimo-nos à vontade para indicar a sua desigualdade (econômica) como a segunda característica das lides trabalhistas.

Se prosseguíssemos na investigação haveríamos, por certo, de encontrar outras notas peculiares dos conflitos dessa natureza; fundamentalmente, porém, os traços particulares mais relevantes são o caráter classista do litígio e a desigualdade do trabalhador; desigualdade que gera inferioridade técnica, conforme procuraremos demonstrar mais adiante.

Esgotados esses comentários propedêuticos, chega o momento de buscarmos saber quais são os *princípios* característicos do processo do trabalho, objetivo central de nosso estudo tópico.

Pondo de parte determinadas questiúnculas doutrinais que o assunto geralmente provoca, devemos dizer, em nome da objetividade, que, em essência, não vão além de dois esses princípios — isso se não perdermos de vista o fato de estarmos à procura dos princípios verdadeiramente *característicos* do processo do trabalho. São eles os da: a) correção da desigualdade e b) jurisdição normativa.

1.1. Correção da desigualdade

Talqualmente se dá no plano do direito material, a lei deve subministrar ao trabalhador, quando em juízo, meios técnicos que lhe permitam demandar em igualdade de condições com o adversário. Dessa maneira, também no campo processual é indispensável a intervenção do Estado, a fim de propiciar ao trabalhador meios de promover a efetiva defesa dos seus direitos e interesses manifestados na causa.

Não basta, portanto, que a ação constitua, entre nós, um direito público subjetivo assegurado constitucionalmente (art. 5º, XXXV); de nada adiantaria ao trabalhador invocar a prestação da tutela jurisdicional se não possuísse um mínimo de condições indispensáveis para contender, em situação de igualdade técnica, com o empregador. Temos, por isso, advertido que o simples facilitamento do acesso à justiça (como dever estatal) embora tenha o mérito de ensejar aos indivíduos em geral e ao trabalhador em particular a oportunidade de ingressar em juízo, não assegura a este, em especial, as necessárias condições para superar a sua desigualdade econômica, e, por esse modo, alcançar a igualdade processual com o réu.

Sem essa proteção estatal, destinada a corrigir a inferioridade ontológica do trabalhador, este seria presa fácil para o adversário que teria, no processo, um conveniente aparato legal à sua disposição, para conseguir eximir-se da obrigação de reparar as lesões cometidas nos direitos daquele. Vou além: também não basta o Estado atribuir ao trabalhador, em sede processual, a mesma superioridade jurídica que lha concede no terreno do direito material, se o trabalhador não souber manejar, com eficiência, esses instrumentos técnicos que a lei põe à sua frente — mas fora do seu alcance. Eis a razão por que reputamos falacioso esse *ius postulandi*, ao qual a doutrina, desatenta, não vacilou em dedicar discursos encomiásticos em profusão, sem se dar conta de que a atuação pessoal e direta do trabalhador em juízo constituiu, em grande parte dos casos, a causa principal de seu embaraçamento na complexa teia processual e na consequente insatisfação dos direitos materiais invocados. Sempre entendemos, por isso, que a presença do advogado em juízo representa um fator, ainda que teórico, de igualdade processual, capaz de evitar que o trabalhador se perca nesse labirinto que é, para ele, o processo. Essa presença do advogado, contudo, ainda que imprescindível para o fim mencionado, teria a sua eficiência consideravelmente reduzida se as normas processuais, que pudessem ser por ele utilizadas, não fossem dotadas de um sentido de proteção do trabalhador.

Em suma, é no binômio advogado/normas processuais tuitivas do trabalhador que o legislador deve assentar as bases do sistema de superação da inferioridade deste, ou, como se entender melhor, de correção da desigualdade do trabalhador perante o empregador.

Temos, até esta parte, aludido, com insistência, à inferioridade do trabalhador, para justificar o princípio da correção da desigualdade, que julgamos ser um dos poucos efetivamente distintivos do processo do trabalho. Cumpre-nos, pois, demonstrar em que consiste essa inferioridade.

Em rigor, não há somente uma espécie de inferioridade, mas várias; ou, segundo se preferir, uma inferioridade que se reflete em diversos aspectos ou setores de sua vida cotidiana ou de sua atividade no processo.

A primeira delas é a econômica, da qual, de certa forma, as demais derivam. Até esta quadra de nossa exposição, pudemos esmiuçar essa inferioridade sob a lente de sua irradiação no terreno das relações materiais que se estabelecem entre trabalhador e empregador. A partir de agora, fixaremos o foco de nossas observações na repercussão que dita inferioridade acarreta no terreno processual.

Antes, porém, façamos vir à lembrança a correta advertência formulada por Giovani Tesorieri de que "Quando o empregador e o trabalhador assumem no processo as vestes formais de partes não cessam por isso de ser o que sempre terão sido; a história de suas relações não se transforma numa outra história: é a mesma, que continua" ("Lineamenti di Diritto Processuale dei Lavoro", Padova: Cedam, 1975, pág. 4).

Temos sempre afirmado que, no processo, o tempo conspira contra os interesses do trabalhador. Ao empregador, ao contrário, convém que a solução do conflito demore o máximo possível, pois a sentença, via de regra, impõe-lhe determinadas obrigações, que geram prestações a serem por ele realizadas, dentre as quais, a de pagar quantia certa ao trabalhador. Dessa maneira, o tempo — uma das dimensões humanas — é encarado pelas partes sob ópticas distintas, que dizem respeito aos interesses em jogo no processo. Enquanto o empregador aspira a uma lenta solução do litígio (ou à própria extinção do processo sem exame do mérito), o empregado anseia que a solução aconteça o mais rápido possível.

Nesse entrechoque de interesses quanto à duração do processo, é elementar que a frustração do empregador acarretar-lhe-á consequências prejudiciais muito menores do que acarretariam se a frustração fosse do trabalhador, precisamente em virtude da sua debilidade econômica, que fornece a medida da sua inferioridade nesse plano. Daí a propriedade da difundida advertência feita por José Arlas de que "justiça tardia é (para o trabalhador, sem dúvida) sinônimo de denegação de justiça". Essa necessidade de pronta resolução das lides trabalhistas foi a fonte inesgotável com que a realidade comovente alimentou os doutrinadores e os legisladores sequiosos de encontrar mecanismos que permitissem uma breve composição dos conflitos trabalhistas. Dessa mesma fonte jorraram princípios fundamentais, como os da oralidade, da celeridade e da concentração dos atos do procedimento, dentre outros.

As consequências processuais, para o trabalhador, oriundas de sua situação de inferioridade econômica, não seriam, contudo, adequadamente neutralizadas caso o legislador houvesse se preocupado apenas com o fator cronológico, ou seja, com a duração do processo; assim sendo, procurou dispensar o trabalhador do pagamento de certas despesas normalmente exigidas pelo processo comum, como taxa de distribuição, depósito em prol de associações de serventuários ou de magistrados, diligências dos oficiais de justiça etc. Quando não, diferiu para o final da causa o pagamento de outras, como as custas (embora dessa deferência possa valer-se também o empregador), ou mesmo dispensou-o desse encargo.

Justamente por isso, é que nos mantínhamos infensos à ideia de introduzir-se no processo do trabalho a cláusula da sucumbência, de que trata o art. 85, do CPC, porquanto a alteração traria o grave inconveniente de sujeitar o trabalhador a pagar honorários de advogado a favor do empregador. A adoção dessa cláusula seria desaconselhável mesmo com relação àqueles trabalhadores que, em decorrência do padrão salarial, não estivessem recebendo o benefício da assistência judiciária gratuita, pois mais eloquentes do que essa exceção seriam os malefícios que a ruptura do princípio acarretaria para a classe trabalhadora, como serem tais malefícios desestimulantes ou até mesmo inibitivos do ingresso em juízo, na defesa de seus direitos e interesses, porquanto seriam os trabalhadores tomados de assalto pelo justo receio de serem condenados a pagar tais honorários ao adversário. Em todo o caso, como dissemos, a Instrução Normativa n. 27/2005, do TST, admitiu essa sucumbência nos litígios provenientes das relações de trabalho (art. 5); não, porém, nos oriundos da relação de emprego.

O golpe final veio com a Lei n. 13.467/2017, que inseriu na CLT o art. 791-A, admitindo o princípio da sucumbência. Até o momento em que escrevíamos este Caderno, pudemos perceber que as nossas previsões estavam, infelizmente, a verificar-se: uma profunda redução do número de ações ajuizadas na Justiça do Trabalho, cuja causa preponderante é o receio de o trabalhador vir a ser condenado a pagar honorários de sucumbência, em benefício do advogado da parte contrária.

De modo geral, são também inconciliáveis com o princípio em exame (correção da desigualdade econômica do trabalhador) os arts. 82 e 95 do estatuto processual civil, que impõem às partes o dever de prover as despesas dos atos que realizarem ou requererem, antecipando-lhes o pagamento. No sistema do processo do trabalho, como vimos, as despesas, em princípio, somente são pagas no final da causa. Logo, feria direito líquido e certo do trabalhador (para cogitarmos apenas dele) a exigência, feita amiúde por alguns juízes, para que antecipasse (ainda que parcialmente) os honorários periciais, sempre que houvesse formulado pedidos concernentes aos adicionais de insalubridade ou de periculosidade. O máximo que seria lícito ao juiz fazer, nesse tema, seria *solicitar* a antecipação parcial desses honorários, ou melhor, a antecipação das despesas que o experto teria em virtude das diligências que deveria realizar. *Solicitar*, contudo, não é *exigir*. Só a exigência desafia a impetração de mandado de segurança. Elogie-se, por isso, a OJ n. 98, da SDI-II, do TST.

Felizmente, o § 4º do art. 790-B, da CLT, inserto pela Lei n. 13.467/2017, nos deu razão, ao proibir que o juiz exija "adiantamento de valores para a realização de perícias".

A segunda manifestação da inferioridade do trabalhador é de natureza técnica, pois respeita à produção das provas.

A atribuição legal do ônus da prova ao trabalhador, no que toca ao fato constitutivo do seu direito, soa para este como um pesadelo, pois as suas dificuldades em produzir provas lhe são incomensuravelmente maiores do que as que possa ter o empregador. A sua angústia é tanto mais compreensível quanto se sabe ser ele, em regra, quem formula o maior número de alegações, contidas estas, basicamente, na narração dos fatos dos quais extrai os pedidos deduzidos na causa. Enquanto o empregador possui, em seus arquivos, todos os documentos pertinentes ao contrato de trabalho (recibos, atestados, controles de frequência, fichas de registros diversos e o mais) e pode levar a juízo as testemunhas de que necessitar, pois estas, quase sempre, ainda mantêm vínculo de emprego com ele, o trabalhador tem de obter, desse ambiente adverso que é o estabelecimento do empregador, os meios de prova indispensáveis à demonstração dos fatos alegados em juízo.

Não raro, os documentos têm que ser arrancados do estabelecimento, mediante o procedimento específico da exibição, de que cuida o arts. 396, do CPC; quando não, por meio de busca e apreensão (CPC, art. 301), a revelar, assim, as enormes dificuldades que o trabalhador se vê compelido a enfrentar para obtê-los. Não são menores os obstáculos que ele se vê levado a transpor quando pretende produzir prova testemunhal, designadamente, quando as testemunhas ainda se encontram prestando serviços ao réu, por força de um contrato de trabalho. Neste caso, o estado de subordinação em que se acham as testemunhas, somado ao receio de perderem o emprego, faz com que se tornem suscetíveis de falsear a verdade, em favor daquele que as assalaria.

Em outros livros, argumentamos que a fórmula pela qual o legislador deveria anular essa inferioridade do trabalhador seria deslocando, cada vez mais, o ônus da prova para o empregador, pelas razões já exaradas, ao mesmo tempo em que deveria semear considerável quantidade de presunções em benefício daquele, como, *v. g.*, as de que, provada a prestação pessoal de serviços, entender-se que tenha sido em razão de um contrato de trabalho tacitamente estabelecido e, rompido o contrato de trabalho, que tenha sido por ato injusto do empregador. Um critério adminicular poderia ser o do *in dubio pro misero*, a ser utilizado no exame e na valoração da prova (o que, atualmente, não é legalmente admissível).

Um outro critério poderia consistir na adoção supletiva da regra contida no inciso VIII, do art. 6º, da Lei n. 8.078/90 (Código de Defesa do Consumidor), conforme o qual um dos direitos básicos do consumidor é "a facilitação da defesa de seus direitos, inclusive com a inversão do ônus da prova, a seu favor, no processo civil, quando, a critério do juiz, for verossímil a alegação ou quando for ele hipossuficiente, segundo as regras ordinárias de experiências".

Criticamos, em linhas anteriores (item 17), o fato de a Lei 13.467/2017 haver reformulado a redação do art. 818, da CLT, para adotar o critério perfilhado pelo art. 373, do CPC. Felizmente, contudo, essa norma legal dispôs no § 1º do sobredito artigo: "§ 1º Nos casos previstos em lei ou diante de peculiaridades da causa relacionadas à impossibilidade ou à excessiva dificuldade de cumprir o encargo nos termos deste artigo ou à maior facilidade de obtenção da prova do fato contrário, poderá o juízo atribuir o ônus da prova de modo diverso, desde que o faça por decisão fundamentada, caso em que deverá dar à parte a oportunidade de se desincumbir do ônus que lhe foi atribuído".

A decisão mencionada no § 1º do art. 818: a) deverá ser proferida antes da abertura da instrução e, mediante requerimento da parte, implicará o adiamento da audiência e possibilitará provar os fatos por qualquer meio em direito admitido (*ibidem*, § 2º); b) não pode gerar situação em que a desincumbência do encargo pela parte seja impossível ou excessivamente difícil (*ibidem*, § 3º).

Poder-se-ia pensar em outras inferioridades do trabalhador, como a volitiva, segundo a qual ele não tem condições de manifestar a sua vontade com a mesma liberdade de que dispõe o empregador, mormente quando o contrato de trabalho ainda está a viger, porquanto o temor de perder o emprego, também aqui, é concreto e real. Cremos, no entanto, que a econômica (ou social) e a técnica (ou probatória) são as mais acentuadas manifestações da inferioridade do trabalhador, sendo, essencialmente, as responsáveis pela preocupação de doutrinadores e legisladores no sentido de eliminá-la.

1.2. Jurisdição normativa

A função clássica que os sistemas constitucionais reservam para o Poder Judiciário consiste na aplicação da lei aos casos concretos (para não falarmos da pronúncia de antagonismo entre a lei e a Constituição) que são submetidos à sua cognição jurisdicional. Em síntese, o Legislativo elabora a norma e o Judiciário a aplica.

A Constituição brasileira, todavia, atribui à Justiça do Trabalho competência para estabelecer, em sede de dissídio coletivo, normas e condições de trabalho destinadas a reger as relações individuais entre trabalhadores e empregadores (art. 114, § 2º). Trata-se do denominado *poder normativo*, em virtude do qual essa Justiça especializada exerce peculiar atividade legislativa, na medida que cria normas jurídicas que irão influir no círculo jurídico dos integrantes das categorias em conflito.

Já se disse, com acerto, que o acórdão normativo é "confusionista" de poderes (Gallart-Folch), dada a sua natureza híbrida, compósita; que é, enfim, algo que possui corpo de sentença e alma de lei (sem ser teratológico), pois sob o aspecto formal é efetivamente uma sentença (melhor: acórdão), embora o seu conteúdo seja típico de norma legal, uma vez que é aplicável, de maneira geral e abstrata, ao universo das categorias litigantes.

Nota singular do acórdão normativo é a possibilidade de ser revisto, sempre que se modificarem, consideravelmente, as circunstâncias que ditaram as condições de trabalho estabelecidas, de tal modo que estas se tenham tornado injustas ou insuportáveis. Essa possibilidade de revisão tem levado alguns estudiosos a laborar no erro de supor que o acórdão normativo não se submete ao fenômeno jurídico da coisa julgada material, gerador da imutabilidade do que foi decidido. *Data venia*, não podemos concordar com essa opinião. Parece-nos evidente que esse tipo de pronunciamento decorrente do poder normativo da Justiça do Trabalho passa em julgado; se assim não fosse, seria difícil obter uma explicação para o fato de poder-se exigir o seu cumprimento, inclusive por meio de ação específica (CLT, art. 872, *caput*). A norma legal referida faz, aliás, expressa referência ao trânsito em julgado dessa decisão. Cumpre elucidar, portanto, que o acórdão normativo passa em julgado, embora o faça com a cláusula *rebus sic stantibus*, que lhe é inerente. É precisamente essa cláusula que permitirá a oportuna revisão do que fora decidido, sem ofensa à *res iudicata*.

Doutrinariamente, a propósito, não andou no melhor caminho a Lei n. 5.478, de 25 de julho de 1968, ao declarar que a decisão judicial sobre alimentos não transita em julgado, podendo, por isso, ser revista a qualquer tempo, contanto que haja modificação da situação financeira dos interessados (art. 15). Há, na verdade, coisa julgada material contendo a cláusula *rebus sic stantibus*, forma abreviada da expressão *conventio omnis intelligitur rebus sic stantibus*, que significa, em tradução livre, que todo tratado deve ser entendido enquanto o estado de coisas permanecer nas mesmas condições existentes na época em que foi firmado.

A Súmula n. 246, do TST, por sua vez, declara ser "dispensável o trânsito em julgado da sentença normativa para a propositura da ação de cumprimento".

Outro sinal particular do acórdão normativo está situado na possibilidade de as condições de trabalho por ele estabelecidas serem estendidas aos trabalhadores da mesma empresa, que haviam ficado fora do campo de sua incidência (CLT, art. 868), ou a todos os integrantes da categoria (CLT, art. 869).

A jurisdição normativa representa, pois, um marcante princípio característico do processo do trabalho, que não encontra símile no processo civil. No exercício de sua competência normativa, entrementes, não podem os juízes, empolgados com o poder extraordinário de criar normas, converter em tábua rasa o ordenamento constitucional, onde está inscrita a exigência de que todas as decisões judiciais sejam fundamentadas (art. 93, IX). O acórdão normativo, ainda que possua alma de lei, é, formalmente, uma decisão, e, como tal, deve ser motivado, ainda que laconicamente, sob pena de nulidade, conforme adverte a regra constitucional mencionada.

Dissemos, há pouco, que o art. 114, § 2º, da Constituição Federal, atribui à Justiça do Trabalho competência para instituir, no plano dos dissídios coletivos, normas e condições de trabalho destinadas a reger as relações individuais entre trabalhadores e empregadores. Essa nossa afirmação pode soar estranha a alguns, pelo fato de a sobredita norma constitucional, com a redação imposta pela Emenda n. 45/2004, não conter essa expressão. O que dela consta é a afirmação de que a Justiça do Trabalho poderá "decidir o conflito". Ocorre, porém, que a despeito de a redação atual do aludido preceito constitucional não fazer referência à instituição de normas e condições de trabalho tendentes a reger as relações entre as categorias econômica e profissional, essa faculdade dos Tribunais do Trabalho está implícita na expressão "decidir o conflito": decidi-lo, mediante o estabelecimento de tais normas e condições. Logo, é inerente aos pronunciamentos jurisdicionais em sede de dissídios coletivos o caráter normativo.

Poderíamos referir, ainda – com alguma reserva –, como princípios característicos do processo do trabalho: c) a simplicidade do procedimento e d) o *ius postulandi*.

1.3. Simplicidade do procedimento

Nos dias atuais, é apenas um romantismo do passado. O processo do trabalho vem se tornando, cada vez mais, complexo, notadamente, pela influência sobre ele exercida pelo processo civil. Essa complexidade passou a constituir-se a partir do momento em que se admitiram no processo do trabalho figuras transportadas do processo civil, como: reconvenção, ação de consignação em pagamento; ação de prestação de contas; ação monitória; ação anulatória; interditos proibitórios; recurso adesivo; embargos de terceiro; embargos à expropriação etc. Exigências como a da impugnação especificada dos fatos (CPC, art. 341), do *prequestionamento*, e outras, vieram a agravar este quadro. O que não se falar, então, em sede de recursos interponíveis ao TST (revista, embargos, agravo), assinalados por formalismos – muitas deles impostos pela própria jurisprudência – incompatíveis com a simplicidade que deveria ser, efetivamente, uma das características do processo do trabalho. Não queremos ser fatalistas, todavia, parece-nos que a simplicidade, como princípio do processo do trabalho, configura-se, cada vez mais, como nostálgica lembrança de um tempo irreversível. As próprias "reclamações a termo" (CLT, art. 840, § 2.°) escasseiam a cada momento. Some-se a isso a exigência de que os pedidos formulados na inicial devem ser líquidos (CLT, art. 840, 1º). E, em rigor, os recursos já não são interpostos por "simples petição" (CLT, art. 899, *caput*).

1.4. *Ius postulandi*

A capacidade postulatória que o art. 791, *caput*, da CLT, atribui às partes sempre esteve intimamente ligada ao princípio da simplicidade. Na verdade, havia uma relação lógica entre ambos: como o sistema legal outorgou aos próprios litigantes a faculdade de defender, em juízo, os seus direitos e interesses pessoalmente, ou seja, sem a constituição de advogado, o processo e o procedimento trabalhistas deveriam ser simples, para permitir o exercício desses *ius postulandi.* Essa íntima relação não deixou de existir na atualidade, embora assinalada por efeitos opostos à sua finalidade: como o processo do trabalho se tornou extremamente complexo, já não há tão amplo espaço para que as partes atuem sem advogado nos diversos órgãos da Justiça do Trabalho, máxime no âmbito do TST.

Podemos dizer, aliás, que o *ius postulandi* trabalhista, já ao nascer, tinha diante de si um cenário legal algo embaraçante do seu amplo exercício, com revelam, entre outros, os arts. 799 a 801, e 829, da CLT. No primeiro caso, sempre foi muito difícil à parte – geralmente, pessoa humílima, destituída de conhecimentos jurídicos – entender por que motivo a ação deveria ter sido ajuizada em Vara diversa da que foi; ademais, não raro, deixava de responder à exceção de incompetência, como excepto (no exíguo prazo de 24 horas, posteriormente elevado para cinco dias: CLT, art. 800, § 2º), fazendo com que se visse compelido a litigar em juízo diverso daquele em que exercera a ação; no segundo, não era menos difícil à parte compreender a razão pela qual não poderiam testemunhar, a seu favor, um amigo íntimo (em quem, à evidência, confiava) ou um parente por laços de consanguinidade até o terceiro grau civil. A consequência, neste último caso, é que por não se desincumbir do ônus da prova os seus pedidos acabavam sendo rejeitados. O *ius postulandi*, muitas vezes, funcionou como uma espécie de esparrela, de arapuca com que o sistema surpreendia o litigante.

Alguns autores têm indicado, ainda, como princípios do processo de trabalho os da: a) especialidade (Helios Sarthou); b) proteção (Helios Sarthou); c) intensificação da conciliação (Eduardo Couture, Mariano Tissembaum); d) ultrapetição (Nelson Nicoliello); e) despersonalização do empregador (Wagner Giglio); f) revisão da sentença (Mariano Tissembaum). g) busca da verdade real; h) indisponibilidade do direito material.

Em passos ligeiros, porém, desejamos ponderar que:

a) ressoa com grande carga tautológica o princípio da *especialidade*, pois esta, mais do que um princípio, é a própria razão de ser desse processo. Há, mesmo, um certo circunlóquio, uma perífrase, nessa construção terminológica, pois se está, em rigor, tentando definir algo com sua própria denominação;

b) a *proteção*, que Sarthou faz desaguar na fórmula *in dubio pro operario*, não constitui um princípio, mas um critério adminicular do princípio da correção da desigualdade; iguala-se juridicamente o trabalhador, para protegê-lo;

c) a *conciliação* (e sua intensificação) também não é um princípio, e sim, uma técnica, um método de solução negociada do conflito (autocomposição). Ademais, embora a conciliação possa ter sido, no passado, uma característica do processo do trabalho, hoje não se traduz num princípio particular desse processo. Basta lembrar que dessa modalidade de solução consensual do litígio tratam, dentre outros artigos do CPC, o 139, V (compete ao juiz "promover, a qualquer tempo, a autocomposição"); 334 ("o juiz designará audiência de conciliação"); 359 ("Instalada a audiência, o juiz tentará conciliar as partes").

d) a *ultrapetição* (na verdade, *extrapetição*) tem um campo de irradiação muito restrito para poder ser alcandorada à classe de princípio; falta-lhe, por assim dizer, o atributo da generalidade, pois não é sempre que o juiz pode decidir fora (não além) do que foi pedido, mas, como se sabe, unicamente nos casos permitidos por lei, como, *v. g.*, dos arts. 467 e 496 da CLT;

e) a *despersonalização* do empregador, embora possa ser reconhecida como princípio, tem sua sede no direito material (CLT, art. 448); o que dela se vê nos domínios do processo nada mais é do que uma reverberação;

f) a *revisão* dos acórdãos normativos também não é um princípio, senão que uma particularidade da jurisdição normativa, esta sim, possuidora do *status* de princípio.

g) o princípio da *apreciação das provas em consciência,* sugerido por Porrás López, não encontra, de *lege lata,* a mínima possibilidade de obter consagração em nosso meio, onde vigora princípio oposto, qual seja, o da persuasão racional, a que preferimos chamar de livre convencimento motivado, cuja morada é o art. 371 do digesto de processo civil, congeminada como art. 765, da CLT; por ele, exige-se que o juiz forme o seu convencimento jurídico a respeito dos fatos narrados na causa com fundamento na prova dos autos, ainda que lhe seja facultado selecionar, para esse efeito, aquela que, segundo seu prudente arbítrio, seja a melhor prova (valoração).

h) *busca da verdade real*. A *busca da verdade real* não pode ser considerada algo particular à Justiça do Trabalho, como se os demais ramos do Poder Judiciário estivessem, institucionalmente, desobrigados de dedicar-se a essa busca. O fato de o juiz do trabalho possuir ampla liberdade na direção do processo não pode ser erigido como argumento de sustentação do ponto de vista de que estamos a divergir. O art. 370, do CPC, por exemplo, mais do que aconselhar, impõe ao juiz determinar, inclusive por sua iniciativa, "as provas necessárias ao julgamento do mérito". A propósito, a ampla liberdade que o art. 765, da CLT, concede aos juízes do trabalho na condução do processo tem sido causa, na prática, de algumas arbitrariedades judiciais. Ocorre que a CLT é produto de um tempo em que se vivia sob um regime ditatorial (1943), motivo por que, na altura, a estratégia política era a concentração de poderes nas autoridades constituídas. Os tempos, entrementes, são outros. No momento em que escrevemos este livro, estamos a respirar ares democráticos. Vivemos em um Estado Democrático de Direito – a julgar que a declaração inscrita no art. 1º, *caput*, da Constituição Federal, seja algo mais do que um rasgo de retórica. Logo, é absolutamente necessário que, em nome dos ideais democráticos e das próprias garantias que a Constituição da

República concede aos indivíduos e às coletividades, se interprete a disposição do artigo 765, da CLT, sob os olhos da atualidade e não do período politicamente obscuro, em que a norma foi concebida. Convém lembrar que a lei é um organismo vivo, cuja interpretação se submete à dinâmica dos fatos da vida em sociedade. O que não se pode é negar vigência ao art. 765.

i) *indisponibilidade do direito material*. A *indisponibilidade do direito material*, como suposto princípio peculiar do processo do trabalho, traz, na própria expressão, a causa de sua impropriedade técnica. Se a indisponibilidade é do direito *material*, fica evidente que não faz sentido indicá-la como princípio do direito *processual*. Há, pois, uma espécie de intransponível contradição interna, a comprometer a expressão em foco.

2. A questão do *in dubio pro misero*

Certos estudiosos, como vimos, incluem a máxima *in dúbio pro misero* no elenco dos princípios que informam o processo do trabalho. Elevam, desse modo, à categoria de princípio a regra segundo a qual o juiz, em caso de dúvida, deverá decidir a favor do empregado – ou do trabalhador.

Essa opinião doutrinária, entretanto, é produto de uma aplicação equivocada dessa máxima.

Um juiz que, diante de uma prova dividida – assim considerada aquela caracterizada pelo fato de cada parte haver provado os fatos alegados em juízo –, venha a decidir em prol do trabalhador com fundamento exclusivo na regra *in dúbio pro misero*, estará emitindo sentença passível de ser anulada em grau de recurso, não porque a mencionada regra inexista, mas porque não se admite a sua incidência no terreno processual, onde há regras próprias para superar o problema da prova dividida. O sítio de atuação exclusiva da regra em foco é o Direito Material do Trabalho.

Efetivamente, se esse Direito Material é protecionista do trabalhador, nada mais lógico e justo do que, diante de dúvida razoável acerca do exato sentido de determinada norma legal material, o juiz opte pela interpretação mais favorável ao trabalhador, pois essa interpretação deve estar sempre em harmonia com o espírito, com a essência, com o escopo da norma examinada. No caso de prova dividida, vale dizer, no campo processual, o juiz deverá, mediante critérios objetivos, valorar qual seja a prova de melhor qualidade técnica e decidir a favor de quem a produziu. Essa atitude emana do princípio da persuasão racional (melhor: *livre convencimento motivado*) materializado no art. 371, do CPC, combinado com o art. 765, da CLT, que não significa, apenas, que o juiz poderá formar com liberdade da sua convicção jurídica sobre os fatos da causa – desde que o faça com base na prova dos autos –, mas, também, que ele poderá optar pela prova que lhe pareça de *melhor qualidade*. Trata-se, portanto, e um ato de *valoração* da prova, que desafiará, a um só tempo, o conhecimento, a experiência e a sensibilidade do magistrado.